前言

中国传统文化十分重视家庭，习近平总书记也曾强调，家庭是人生的第一课堂，父母是孩子的第一任老师。在千千万万个中国家庭，有这样一个群体，他们虽已不再年轻，但对于子孙后代的成长，却尽心尽力，无怨无悔。新时代的中国家庭在这样一群可爱可敬的祖辈家长的参与下，形成了别具中国特色的祖辈－父辈合作共育的家庭育儿格局。

祖辈参与教养，早在中国古代就有"含饴弄孙"的描绘，共享天伦是何等美好的家庭生活。然而，面对当代中国的经济社会发展，祖辈教养也将迎来全新的挑战。提倡科学育孙，既是对儿童身心发展所需的关照，也是顺应时代发展需求的行动。科学育孙的内涵，我认为有三个方面，首先，是科学的"认同"，祖辈愿意并且能够参与教养，是一个家庭的福分，也是孙辈的福气，因为祖辈给予孙儿的爱是那么的无私，那样的纯朴，那般的美好！我们应该肯定并且认同，祖辈教养对于家庭育儿以及儿童发展将会起到积极和不可替代的作用。其次，是科学的"实践"。弄懂儿童的发展规律，方能科学育儿。实践的基础在于对个体发展科学的解读和运用。祖辈育儿经验丰富，但缺乏系统的理解，可以通过学习加深理解，也需要通过反思实践，慢慢琢磨。第三，是科学的"合作"，祖辈和父辈在育儿这件事情上双方的角色定位、合作内容、合作策略与合作水平，都有其科学内涵。我们这里提"合作"，其实是"补偿"，但一定不是"替代"，因为再强大的祖辈教养，也不能完全解决父母教养缺失所造成的消极影响。

本教材是一种全新的"尝试"，尝试通过老年大学、社区学校等平台，给祖辈上一堂科学育孙的课，尝试运用鲜活的案例，给祖辈讲讲各家育儿的故事，尝试通过一个个小游戏，让祖辈感悟育孙的乐趣，体验与孙辈共同成长的幸福。我们的尝试得到了全国专家的认可，该项目（编者注：上海师范大学"科学育孙万家行 – 祖辈课程教养 2+X 课程开发与推广"项目）获得了第十六届"挑战杯"全国大学生课外学术科技作品竞赛国家特等奖，也获得了上海青年为老志愿服务"金晖行动"的十佳项目称号。为千千万万带孙老人传播科学的育孙观念，得到了社会的热烈反响。在这里，诚挚地感谢上海师范大学教育学院夏惠贤院长的鼎力支持，感谢关注老人、爱心满满的徐雄伟教授，感谢美丽真诚的孙琳副教授，感谢志同道合、努力奋进的研究生团队，是大家的孜孜不倦成就了我们的收获！

既然是尝试，也一定存在诸多问题，希望获得社会各界的批评指正！

何慧华

2021 年 4 月 1 日

# 目录

上 篇
- 第一章 祖辈教养的价值　/3
- 第二章 祖辈参与家庭教养的角色定位与家园共育　/7

下 篇
- 第三章 0-3岁儿童的祖辈教养　/19
  1. 温暖地拥抱　轻柔地抚触　/19
  2. 我是爬行小能手，爬来爬去真欢乐　/25
  3. 宝宝也需被尊重，相互尊重是基础　/31
  4. 无规矩不成方圆，规则意识早建立　/37
  5. 宝宝就医切莫慌，提前预备不匆忙　/44
  6. 宝宝发热别着急，正确处理是第一　/51
  7. 宝宝防护要做好，传染病毒被赶跑　/58

第四章 3-6岁儿童的祖辈教养 /67

1. 小表扬大学问，鼓励成长有方法 /67
2. 小情绪大影响，情绪能力需培养 /72
3. 大口吃饭也不难，多吃多动身体棒 /81
4. 自己的事情自己做，自我服务很重要 /86
5. 你懂我来我懂你，沟通艺术代代传 /91
6. 言传不如身教，示范好过讲解 /98
7. 勇敢地尝试、努力地坚持 /103

上 篇

第一章
祖辈教养的价值

学习目标

1. 了解祖辈教养的重要性。

2. 引发祖辈情感共鸣，形成正确教养观念。

祖辈教养是由祖辈承担或者参与家庭孙辈教养职责的一种常见的社会现象，同时也是新时期中国家庭教育格局的典型表现。中国教育学会、家庭教育专业委员会发布的《中国城市家庭教养中的祖辈参与问题调查报告》显示，79.7%的城市家庭祖辈参与教养。与此同时，根据上海师范大学教育学院"科学育孙家"项目组对上海社区近300户家庭的调研结果显示，

87.4%的家庭存在祖辈教养现象。因此，在现实情况中，家庭早期教养责任主要由祖辈承担的现象愈加普遍。

祖辈教养是中国传统文化推崇的家庭教育形式。随着我国社会经济的迅速发展，城市生活的快节奏给年轻人的生活带来了巨大的压力，孩子的教养问题已经成为当代城市青年普遍面临的困境。富有爱心且不计回报的祖辈，当被需要时，能够伸出援手，参与家庭早期教养，成为了"双职工"家庭应对孩子教养问题的主要途径。祖辈参与教养的质量会影响儿童的生长发育，同时也会影响家庭教育氛围。虽然以往很多研究探讨了祖辈参与教养可能会与父辈由于教养理念差异或教养行为的科学性而产生矛盾的社会问题，但我们也应该充分肯定祖辈参与教养所具备的重要价值。那么，祖辈参与教养到底有哪些重要价值呢？

一、科学的祖辈教养有助于促进儿童全面发展

0-6岁是个体身体发育、智力开发、人格健全以及思维培养的关键期。祖辈拥有充足的时间来照料孙辈的日常生活，能够满足儿童的成长需求，能够耐心陪伴儿童。同时，祖辈具备丰富的养育经验、社会阅历和人生感悟，能够有效处理儿童成长过程中的问题，以及促进儿童的社会性发展，促进儿童更好地成长。

二、科学的祖辈教养有助于提升祖辈自身的幸福感

中国城市老龄化现象日趋明显,因此祖辈晚年生活的幸福感也是全社会关注的焦点之一。祖辈在育孙过程中,如果能够进一步学习科学育孙的知识与方法,将有利于祖辈更新现有的知识结构,进而提升祖辈教养质量。而祖辈在这样的育孙过程中,不仅能够实现自我的终身学习,还能享受育孙所带来的晚年幸福!

三、科学的祖辈教养有助于营造和谐健康的家庭氛围

"家庭是人生的第一所学校,家长是孩子的第一任老师。"祖辈作为家庭教育重要的参与者,在儿童的成长过程中扮演着十分重要的角色。祖辈参与家庭早期教育能够帮助父辈平衡工作与家庭的关系,减轻父辈的压力,促进家庭和谐。不仅在中国,在世界各地,越来越多的祖辈正在为忙于工作的母亲和父亲填补空白,在培养下一代方面发挥着越来越大的作用。总之,科学的祖辈教养能够有效促进祖辈与年轻父母、儿童共同营造和谐健康的家庭教育氛围,建设幸福家庭,从而促进儿童全面、健康的发展。

图1 祖辈与孙辈在一起

第二章
祖辈参与家庭教养的角色定位与家园共育

学习目标

1. 明确祖辈在家庭教育中的角色定位。
2. 掌握祖辈参与家园合作共育的策略。
3. 激发祖辈教养兴趣,主动并科学参与教养过程。

一、祖辈参与家庭教育的角色定位

祖辈教养的质量既能够支持,也能够制约儿童发展。同时,祖辈与父辈的关系、双方的合作教养情况,也将对儿童成长产生重要影响。父辈与祖辈在儿童教养上能否产生教养合力，其重要影响因素之一是祖辈能否定位好自身角色。祖辈定位好自身在家庭教育中的角色是祖辈在家庭教育中发挥积极作用的前提。

祖辈参与家庭教育角色定位的核心是祖辈和父辈家长的关系是否协调、各自的职责是否明晰。祖辈参与家庭教育的角色定位的总体要求是祖辈安其位，尽其职，以"爱+规则"的理念教养孙辈，与父辈协调配合，形成家庭教养合力。

以祖辈在家庭教育中进行角色定位的"三原则"为基础，祖辈在家庭教育中可以扮演以下五种类型的角色。

表 1-1 祖辈在家庭教育中的角色类型

角色类型	角色解读
协助者	协助父辈的教养行为，在精力和时间上给予力所能及的协助
同盟军	祖父辈统一思想观念，从而在家庭教育上形成合力
参谋长	祖辈能以自己丰富的知识、智慧和经验为家庭成员提供建议和观点，但一般不代替子女及孙辈做决定
学习者	通过多种学习方式，积极学习科学育孙知识与方法，习得科学育孙观
夕阳红	祖辈在教养孙辈的同时，积极参与社交活动，培养兴趣爱好，发展自我，娱乐身心

（一）协助者

祖辈在家庭教养中首先应该明确的是父辈是家庭教育的第一责任人。尽管祖辈在家庭教养中有时间充沛、情感亲近、经验丰富的优势，可以给予必要的、力所能及的帮助，但这种帮助只是协助。祖辈在抚育孙辈时，要学会扬长避短，做到不错位、不越位，尽量不干涉父辈的教养，左右父辈教育的方法。

（二）同盟军

祖辈在教养孙辈时，首先，应与父辈在关键问题上达成一致，即便和父辈有不同看法，应在事后私下与子女沟通，达成共识。不要轻易"护驾"，不要成为孙子拒绝父母管教的"大后方"，不要损害父辈在孩子面前权威的建立。如果教育观念不一致，如同拔河时力往两边拉，孩子都不知道往哪边走。因此，要让孩子没有"空子"可钻、没有"靠山"可依，这样才能够一以贯之地培养孩子良好的行为习惯。其次，强化"场外"沟通，祖辈间多商量、沟通，在教育观念、方法上保持一致，建立祖辈、父辈与孙辈的三方"统一战线"。

（三）参谋长

祖辈可以以自己丰富的知识、智慧和经验为家庭成员提供各种意见，为解决家庭教育难题提供智力支持，成为家庭教育的"参谋长"。

（四）学习者

随着时代的发展，家庭教育观念的更新，祖辈教养也呈现出新的特点，希望祖辈乐于接受新思想，通过多种渠道尤其是新媒体、社区讲座活动等新方式学习科学育孙观念和方法，逐渐成为新时代"照料"与"教育"的全能手。

（五）夕阳红

祖辈在找准自身在家庭教育中的角色定位后，事实上也为自己的老年生活留出了更多的时间与空间，祖辈可以通过积极参加各种类型的社交活动等发展爱好与兴趣，为老年生活增光添彩，追求晚年的幸福生活。

图2　祖辈带孙初心

二、祖辈参与家庭教养的原则

为了更好地帮助祖辈在家庭教育中明确自身定位，"科学育孙家"项目组总结了"放一放、学一学、走一走"三原则。

第一，"放一放"。祖辈体恤父辈工作辛苦，主动承担养育责任，但是这并不意味着祖辈要大包大揽，逾越家庭教育的边界。父辈是养育孩子的第一责任人，子女应当承担的教育责任必须让子女做到、做好，这本身就是祖辈教养责任的重要一部分。

第二，"学一学"。随着时代的发展，家庭教育理念也在不断革新。祖辈在家庭中承担了主要的家务和育孙的任务，但由于精力有限、知识缺乏、理念陈旧等原因，容易忽视与孙辈互动的质量。而这又与父辈对儿童发展需求的期望不相匹配，从而引发了家庭矛盾。通过系统的学习，祖辈能够获得科学的育孙知识并将其运用到教养过程中去，有利于老年人知识结构的更新和祖辈教养质量的提高。

第三，"走一走"。随着生活品质的不断提高，老年人追求自我发展、享受老年生活的愿望也越发凸显。祖辈在教育孙辈的同时，要保留自己的生活空间，通过参加社区等单位组织的活动，丰富自身的老年生活，提升老年生活品质。祖辈拥有健康、自信、豁达的晚年心态也是全家人的愿望与追求。当老年人享受晚年的幸福生活时，也向孙辈传递了积极、乐观、阳光的正面形象。

三、祖辈对家园共育的认识及参与策略

我国著名幼儿教育家陈鹤琴在谈及家园合作时提出，学前教育本身是一个比较复杂的系统，家庭单方面显然无法胜任，托幼机构一方面也不能单独胜任，必定要两方面共同合作，方能促进儿童全面发展。家园共育是

指幼儿园与家庭之间主动地相互了解与配合，幼儿园教师与家长之间积极地相互沟通与支持，通过家庭和幼儿园的双向互动、共同努力，促进儿童的身心健康发展。

家庭是儿童成长的摇篮，幼儿园是儿童成长的乐园。家庭和幼儿园是与儿童生活最密切的环境，家庭教育与幼儿园教育是早期教育的重要组成部分，两者只有形成合力，才能促进儿童健康快乐地成长。有研究表明，在不同阶段，祖辈参与教养的比例不同，儿童的年龄越小，祖辈参与教养的比例就越高。可见，祖辈已日益成为促进家园共育的重要主体之一。

家园共育，不是以家长教育为主，也不是以幼儿园教育为中心，而是让肩负着人生启蒙教育重任的社会组织及家庭成员之间携起手来，共同前进。《幼儿园教育指导纲要（试行）》明确指出：家庭是幼儿园重要的合作伙伴。随着教育的发展，家庭与幼儿园的关系越来越密切。相关研究表明，家园共育是促进儿童发展的有效手段与途径。

（一）家园共育的重要性

第一，家园共育有助于儿童形成良好的生活行为习惯。众所周知，儿童健康的生活行为习惯是其未来发展的基石，对其小学、初中、高中乃至成年后的学习与工作都发挥着至关重要的作用。幼儿园和家庭作为儿童成长的主要场所，具有培养儿童良好行为习惯的先天优势，幼儿园教师和家长都可以在幼儿园和家中近距离地观察儿童的行为习惯，通过互通有无、齐心协力地配合，发展儿童已形成的良好行为习惯，帮助儿童纠正不良的行为习惯，为其发展增能助力。

第二，家园共育有助于促进儿童的社会性发展。"社会性发展是指人在社会交往过程中获得的情感、性格、处理人际关系等表现出的心理特征。"学前儿童的社会性发展关系着他们一生的全面发展，其重要性不言而喻。健全的人格、符合社会规范的行为习惯以及良好的道德品质，都源于学前期的社会性发展。据研究表明，家长参与家园共育对学前儿童社会性发展的各个方面都有不同程度的影响，家长参与家园共育的程度与其孩子社会性发展水平的程度成正相关关系；各个幼儿园对学前儿童社会性发展水平中的同伴关系的发展产生重要影响。家园共育能够为儿童创设温暖、关爱的生活氛围，建立良好的亲子关系、师生关系和同伴关系，这些都有助于儿童形成基本的认同感和归属感。

第三，家园共育有助于儿童综合能力的提高。如能够促进儿童早期阅读能力、数学认知能力、音乐能力的发展。同时，家园共育在提高儿童自我保护能力、缓解入园焦虑、加快入园适应、促进幼小衔接等方面发挥着重要的作用。

除此之外，家园共育也有助于提高家长育儿的积极性和主体性。例如：

在幼儿园组织的系列活动中，家长通过与子女一起想创意、一起排练、共同演绎，促进了家长参与学前教育的积极性，强化了他们的主体意识。另外，通过参与幼儿园的开放日活动，家长具体形象地了解了幼儿园的教育教学方式，理解幼儿园老师如何与儿童开展高质量的互动，尊重儿童的需求，促进并支持儿童发展。

（二）促进祖辈参与家园共育的策略

1. 树立正确的家园合作的观念

家园合作的理念就是改变学前教育单纯的以家庭为主或者以幼儿园为主的理念，学前教育必须是家庭与幼儿园的合作。祖辈需意识到幼儿园和家庭都会对儿童发展起到十分重要的作用，缺一不可，学前儿童具有很强的可塑性，如果他们在家中和在幼儿园表现不一致，那么将会对其发展产生不利的影响。只有家园协调一致，共同协作，才能够为学前儿童的健康成长保驾护航。

2. 与幼儿园教师保持沟通

家园之间能否形成合力，关键在于家庭与幼儿园之间、家长与幼儿园教师之间的沟通程度。这种沟通是双向的，除了幼儿园老师向祖辈介绍孩子在幼儿园的学习表现、生活情况，祖辈也要向教师反映幼儿在家的表现。如祖辈可以在闭园的时候，主动与教师进行交流，了解孙辈一天的在园表现，需要表扬和改进的地方。只有相互沟通、相互了解，才能形成教育合力，最终促进儿童良好的发展。

3. 参与幼儿园组织的活动

幼儿园会定期举办家长活动日，祖辈可以积极参与，在参与幼儿园组织的各项活动中，祖辈不仅能够对幼儿在园的"一日活动"、幼儿园丰富的教育内容、幼儿园教师的辛勤付出有进一步的了解，还能够激发祖辈再次参与活动的热情，提高祖辈的主体意识和积极性，让祖辈深刻地感受到家园共育对于儿童成长的重要意义。

第三章
0-3岁儿童的祖辈教养

1. 温暖地拥抱 轻柔地抚触

微课一

学习目标

1. 了解抚触对婴幼儿发展的重要性。

2. 掌握抚触婴幼儿的正确方法,并将相关方法应用到实际生活中。

3. 引发祖辈教养情感共鸣,帮助祖辈建立正确的婴幼儿抚触观念。

 **小游戏**

游戏名称： 闭眼猜猜猜

游戏工具： 眼罩、不同触感的常见生活物品（例如：乒乓球、纸巾、茶杯、梳子等）

游戏步骤：

1. 让老人闭上眼睛并戴上眼罩。

2. 让老人触摸已经准备好的具有不同触感的常见生活物品，限定时间 10 秒钟，让老人说出物品名称。

3. 游戏结束后，让每一位老人讨论闭着眼睛触摸物品时的感受。

导言

拥抱和抚触是祖辈与婴幼儿之间最直接的交流方式。婴幼儿刚出生时，由于身体柔软，祖辈们往往不敢过多地拥抱或抚触他们，其实这是错误的做法。正确拥抱和抚触能够增强婴幼儿与父母和祖辈的交流，帮助婴幼儿获得安全感，从而发展对父母和祖辈的信任感。那么，如何帮助祖辈树立正确的育孙观念，如何帮助他们习得更多的抚触方法呢？我们通过一个小故事来深入了解一下吧。

故事

今天,月月满月啦。爸爸妈妈和姥姥带着月月去医院做检查,各项检查做完后,护士阿姨准备帮月月做抚触。

"唉?护士,你这是在做什么呢?检查不是结束了吗?这是什么新的检查项目?"姥姥疑惑地问道。

"这是抚触呀。抚触的好处可多着呢,它不仅可以让婴幼儿吃得好、睡得好,还能提高免疫力、促进血液循环。"护士说。

姥姥继续问:"哎哟!那你能教教我吗?"

"当然可以啦!我现在就教你,回家后你可以每天都给婴幼儿做1–2次抚触。但要注意,抚触时房间温度最好在26度左右。抚触不宜在婴幼儿太饱或太饿时进行,最好在婴幼儿沐浴后。抚触时间不宜太长,边抚触边和婴幼儿说话,10–15分钟左右就可以了。"护士边说着,边向姥姥示范抚触的手法,还时不时地和婴幼儿说话。姥姥认真地学习着,还找来纸笔记下。

回家后,姥姥拿着玩具娃娃练习了一次又一次。

第二天,月月洗完澡,姥姥把手上的饰品都取下来,洗干净手,调节好温度,开始给月月做抚触。

姥姥面带微笑,先从月月的头面部开始,两拇指指腹沿眉弓由内而外滑行至太阳穴，重复了三次。姥姥边抚触边微笑地对月月说："看看我们月月的眉毛多漂亮呀！月月笑起来真好看，还有两个小酒窝呢！"然后两拇指由下颌中央分别向外上方滑行至耳前，月月的上下唇便顺着姥姥的拇指形成了一个漂亮的微笑。

接着，姥姥开始对月月的腹部进行抚触。抚触腹部的时候姥姥轻轻地摸了摸月月的小肚子，说道："月月的小肚子鼓鼓的、软软的，摸起来真舒服啊！"接着，姥姥两手交替从月月的右下腹开始沿右上腹、左上腹、左下腹方向做顺时针滑行，使被抚触部位呈开口向下的圆形，并注意避开了脐部。

然后，姥姥开始抚触月月的四肢。抚触之前，姥姥拉着月月的小手轻轻地说道："这是月月的左手，这是月月的右手，左手右手摸一摸，月月快快长大哦。"然后姥姥左手握住月月的左手臂，右手呈半圆形握住月月臂部，全面抚触月月的肢体皮肤，从上至下，双手交换，重复了几遍。

姥姥看了一眼昨天的"笔记"，念叨着，"还有我们小宝贝的背部，舒展舒展后背，月月睡觉更香噢。"说着，姥姥以月月的脊柱为中心，双手食、中、无名指指腹同时向外侧滑

图 3 轻柔地抚触

行，从上至下抚触整个背部。

姥姥完成了抚触，看着月月舒服地伸伸胳膊蹬蹬腿，姥姥满意地点点头。

 ## 故事解读

出生没多久的婴幼儿不会说话，但他们也需要与外界交流，而婴幼儿的第一个情感纽带就是通过身体接触建立的，这是情感与智力发展的基础。

对婴幼儿进行抚触是一种科学的交流方式，抚触对婴幼儿的发展有着重要的意义。第一，有助于解除婴幼儿的烦躁情绪。当他们感到烦躁或者不舒服的时候，身体会产生压力激素，导致免疫力下降。通过抚触可以让婴幼儿的压力激素降低，免疫力恢复，情绪得到放松。

第二，有助于婴幼儿增加食欲。抚触能使婴幼儿的消化激素分泌增加，促进食物的消化与吸收。

第三，有助于缓解婴幼儿肠道的不适。婴幼儿的肠内经常会充满空气，通过抚触可以减缓婴幼儿的肠绞痛或胀气等不适症状。

第四，有助于婴幼儿的睡眠。适当的抚触能够减轻婴幼儿对外界刺激的应激反应，从而使婴幼儿在睡梦中更加安稳，不会轻易被惊醒。

第五，有助于增进婴幼儿与祖辈之间的情感联结。抚触可以让婴幼儿感受到来自祖辈的爱心与耐心，从而建立起安全的依恋关系。故事中的姥姥学习了正确的抚触方法后，对月月进行抚触，这样不仅可以加深祖孙之间的情感联结，还能获得子女的认同和信任，提升祖辈教养的自信心。

关于抚触，我们需要提前知道这些：

抚触适宜年龄段：一般来说，婴幼儿在出生后脐带干燥了就可以开始进行抚触，一直持续到一岁。

抚触时间：最好是在婴幼儿半空腹或洗完澡后，情绪稳定、没有哭闹和身体不适的时候进行。

抚触时长：由于婴幼儿的注意力不能长时间集中，所以每个抚摸动作不能重复太多，先从5分钟开始，然后延长到15-20分钟。

抚触环境：室内温度控制在24-28度左右，可以播放一些轻柔的音乐。婴幼儿都喜欢在温暖、安静、舒适的地方进行抚触，可以选择在家里的床上、有垫子的桌子上进行。

抚触准备：家长应提前取下手上的饰品，剪短指甲，洗干净手。不仅在开始前而且在抚触的每一个阶段都可以和婴幼儿说说话，抚触中可以结合抚触部位和婴幼儿说话，交流感情。此外，还需将隔尿垫、干净的浴巾、婴儿油、纸尿裤、润肤露、干净的衣服等物品放在一旁以便随时取用。

【王　雨】

微课二

2. 我是爬行小能手，爬来爬去真欢乐

学习目标

1. 认识到爬行对婴幼儿发展的重要性，了解爬行是婴幼儿动作发展的必经阶段。

2. 掌握引导婴幼儿学习爬行的正确方法，并鼓励祖辈将其应用到实际生活中。

3. 引发祖辈教养情感共鸣，建立正确的婴幼儿爬行观念。

 **小游戏**

游戏名称：会爬的毛毛虫

游戏工具：彩色手工纸、黑色水笔、剪刀

游戏步骤：

1. 准备一张 4 cm×15 cm 的彩色手工纸，将长边对折后出现折痕，再将两条短边沿折痕向内对折，继续向内对折一次，最后再次进行对折，可出现八层重叠等大的小长方形。

2. 维持长方形的重叠状态，再将其两条短边各修剪为有弧度的曲线。

3. 打开折纸，任意选择一端作为毛毛虫的头部，为其画上眼睛、嘴巴等。

4. 用吸管向毛毛虫尾部轻轻吹气，一条会爬的毛毛虫就做好了。

导言

有些爱干净的家长担心地上不干净，婴幼儿在上面"摸爬滚打"容易接触到细菌，因此不太愿意让婴幼儿在地上爬来爬去。还有的家长觉得婴幼儿学会站、学会走就可以了，不学爬没多大关系。其实，爬行是婴幼儿成长过程中的一个重要阶段，看似比较简单，其实对促进婴幼儿各项能力的发展有着至关重要的作用。那么如何帮助祖辈树立正确的婴幼儿爬行观念呢？我们一起来看看故事中的壮壮一家是怎么做的吧！

故事

八个月的壮壮迫不及待地想要爬出自己的"领地"。"壮壮，妈妈在这，快爬过来找妈妈。"壮壮妈妈在一旁鼓励着壮壮往前爬。这时壮壮奶奶看到了，突然跑过来说道："地上这么脏，我们壮壮不爬的。"壮壮妈妈和壮壮奶奶说道："妈，小孩子多爬爬是有好处的，只要没有危险就行。"壮壮奶奶连忙回应道："你不知道这地上有多少细菌，壮壮每天爬来爬去，细菌都到衣服上和小手上了，到时候壮壮生病了怎么办？"说着就把壮壮抱了起来。

周末，壮壮奶奶带壮壮去早教中心上课。课上老师鼓励婴幼儿爬到对面去拿玩具，壮壮奶奶听到，就自己跑过去给壮壮拿了过来。老师看到后连忙说："壮壮奶奶，我们这节课的目的就是训练婴幼儿爬行的能力，要让他们自己过去拿。"壮壮奶奶解释道："地上有细菌的，而且爬对婴幼儿的发展也没有什么用，学会走就好了。"老师赶忙和壮壮奶奶说道："一定要让这个年龄阶段的婴幼儿学会爬行，这可以锻炼婴幼儿的手臂和腿部的肌肉力量。其次，还可以训练婴幼儿的手眼协调能力，促进左右脑均衡

图 4　爬来爬去真欢乐

发展。爬行可是非常重要的呢！"看着想爬的壮壮，奶奶思考着……

晚上壮壮妈妈下班回到家，看到壮壮在地上爬来爬去，一旁的壮壮奶奶竟然没有阻止。壮壮妈妈惊讶地看向壮壮奶奶，壮壮奶奶解释道："今天带壮壮去上早教课，老师说训练爬的能力对婴幼儿的成长是非常有益的，可以帮助大脑开发、促进肌肉发展。而且我给咱们壮壮买了专门的爬行垫，事先消毒就可以，这样细菌也不会来找壮壮了。"壮壮妈妈和壮壮奶奶开心地笑了。

 故事解读

在刚才的故事中，壮壮奶奶心疼壮壮在地上爬，并对壮壮学习爬行有所限制，这种做法并不可取。其实，婴幼儿的成长是不能缺少爬行的。爬行动作虽简单，但对促进婴幼儿肌肉、骨骼甚至是大脑的发育乃至身体器官的协调性都是有好处的。

首先，爬行有助于促进婴幼儿的四肢灵活发展。从同手同脚缓慢地向前爬动，再到后来手脚前后交叉前进，爬行的过程对提高婴幼儿的肌肉灵活性大有益处，同时还有助于培养婴幼儿的平衡感以及手眼协调能力，为学习站立、行走打下基础。其次，爬行有助于婴幼儿大脑发育。每一次爬行都会调动与激发婴幼儿的大脑积极性，对大脑的发育有着不可替代的作用。最后，爬行有助于激发婴幼儿的探索欲望。爬行本身是一种探索行为，受到好奇心的驱使，婴幼儿会不断地观察、了解自己身边的事物，这为婴幼儿认识世界打下了良好的基础，同时也会锻炼婴幼儿的意志力和胆量，这对婴幼儿的个性发展是非常有利的。

错过爬行阶段，对婴幼儿来说会是成长路上的一大遗憾。因此，祖辈们要抓住婴幼儿爬行的"黄金时期"，尊重婴幼儿的生长发育规律，正确看待爬行。为帮助祖辈们更好地引导婴幼儿学习爬行，提出几点建议。

1. 做好学爬前的准备

（1）爬行需要胳膊、腿、手、脚、颈等部位的相互配合。祖辈们可以在婴幼儿出生后 3 个月内开始有意识地训练其抬头的能力。训练婴幼儿适当的趴卧，有助于增强其手臂的肌肉力量，为以后学习爬行做好准备。

（2）婴幼儿学爬需要祖辈们提供良好的爬行环境，同时更加需要祖辈们在一旁陪护，确保周围环境的安全，将危险物品放置远离婴幼儿的爬行范围。

（3）为婴幼儿提供爬行的动作辅助。在刚开始学习爬行时，婴幼儿往往会向后退，这时就需要大人的帮助。祖辈们可以用手顶住他的脚底，这样会使他有东西蹬着，易于往前爬；同时也可以锻炼婴幼儿腿部的肌肉力量和用力方式。祖辈们也可以利用一些婴幼儿喜欢或感兴趣的玩具，逗引婴幼儿往前爬，鼓励他们双手向前用力爬行。

2. 多鼓励婴幼儿多爬行

祖辈们要有足够的耐心。婴幼儿练习爬行的初期，会遇到很多问题，这时祖辈们要给予婴幼儿耐心的引导。当婴幼儿取得一点进步的时候，就要给予大大的肯定和鼓励。当婴幼儿爬到你身边的时候，可以给婴幼儿一些爱的奖励，比如抱一抱、亲一亲他，这样婴幼儿就会更喜欢爬。

3. 增加爬行的趣味性

等婴幼儿基本学会爬行后，祖辈们可想办法增加爬行过程中的趣味性。比如，在客厅一角或房间的地板上，放一个婴幼儿喜欢的玩具，吸引他爬过去拿。待其具有一定的爬行能力之后，可以锻炼婴幼儿转变方向，如向左、向右爬；祖辈们也可以和婴幼儿玩一些爬行类的小游戏，或者在爬行垫上放置一些障碍物，提高婴幼儿爬行的积极性。

【高　雅】

微课三

3. 宝宝也需被尊重，相互尊重是基础

学习目标

1. 了解 2–3 岁的婴幼儿已经具备对自己物品的支配意识，以及被尊重的需要。

2. 掌握尊重婴幼儿的正确方法，并将相关方法应用到实际生活中。

3. 引发祖辈反思，帮助祖辈树立起尊重婴幼儿的正确观念。

 **小游戏**

游戏名称：心心相印，我来比你来猜

游戏工具：卡片若干（卡片上写上具有可表演的词语）

游戏步骤：

1. 两人一组，面对面坐下，一人为表演者，另一人为猜测者。

2. 由主持人把卡片举起来给表演者看，表演者根据词语做出相应的动作。

3. 当表演者表演结束后，由猜测者猜出卡片对应的词汇就算过关。

导言

人们常常提到尊重，但是作为家长往往会忽视一个重要问题——婴幼儿也有被尊重的需要。研究表明，2-3岁是婴幼儿建立物权意识的关键时期，在这个时期他们需要得到外界的尊重。那么，我们就来看看强强奶奶是否能做到。

故事

壮壮的生日快到了，这一年是壮壮和外公外婆一起生活的第二年。

"叮咚,叮咚,壮壮在家吗?我是强强。"

"原来是强强和奶奶来啦,快进来,我们家壮壮一直念叨着强强哥哥什么时候来玩呢!"

壮壮听到强强的声音立刻开心地跑了过来,两个宝宝很快就在一边玩得不亦乐乎。

壮壮和强强在客厅开心地玩着,壮壮外婆和强强奶奶坐在沙发上聊天,这时壮壮和强强突然争执了起来。

壮壮:"我刚刚都给你玩我的玩具,你为什么不给我?"

强强:"我就不给,我就不给。"

壮壮:"给我。"

强强:"不给。"

图5 哥哥弟弟抢玩具

两位老人突然听到一旁两个宝宝的吵闹声，一看才发现原来是壮壮想玩强强带来的电动玩具小汽车，但是强强不给，两个孩子就争夺了起来。

强强奶奶看到这一幕，赶紧起身走到强强身边说："你快把玩具给你壮壮弟弟玩！"但强强就是不愿意，于是强强奶奶就直接把电动小汽车拿给了壮壮，强强便哇哇大哭起来，还气呼呼地把小汽车夺过来重重地砸在了地上。壮壮看到强强把小汽车砸在地上，也被吓哭了。

壮壮外婆赶紧捡起地上的玩具，放回了强强的小手中。然后对强强奶奶说："强强奶奶，孩子不愿意就别逼他了。"

然后壮壮外婆擦了擦强强小脸上的泪珠，说："咱们强强别哭啦，奶奶给你拿好吃的。"强强这才慢慢停止了哭泣。壮壮外婆蹲下来对壮壮说："壮壮，咱们还有很多玩具可以玩呢，外公上次买的水彩笔壮壮还没画过呢！水彩笔可以画出来好多漂亮的小动物呢，外婆去拿来给壮壮玩好不好？"壮壮点点头。

壮壮外婆给强强拿了零食，壮壮也去玩了水彩画。两个宝宝忘得也快，一会儿就又和好了。

但是一旁的强强奶奶却愁眉苦脸，说："你家壮壮这么小就懂事了，知道分享，我家强强比壮壮还大几个月，可是还这么护东西，真不知道怎么办啊。"

"强强奶奶,我原来和你一样也觉得孩子这样是不好的,可是后来我去听社区的育儿专家讲座,说2-3岁的宝宝已经有自己的物品支配意识了,他有权力决定自己的玩具给不给别人玩,我们不好干涉,如果强加干涉是不利于宝宝成长的。我们老年人也要与时俱进,有些观念要变一变啦!"

强强奶奶听完还是有点疑惑,说:"那孩子这样以后岂不是没朋友了?会不会变得自私自利?"

"不会的,等强强年龄再大一些,他自然会懂得分享的意义,我们再适当地引导,就可以啦!这个不能太过着急。孩子的成长得一步一步来,你说呢?"强强奶奶若有所思地点点头,说:"你说的对,我们有些观念确实是落后了,得改改啦!如果下次社区还有育儿讲座,记得叫上我一起。"

两个月后,壮壮外婆带着壮壮去强强家玩,强强主动把新买的小飞机给壮壮玩,还教壮壮怎么玩,两位老人都欣慰地笑了。

故事解读

故事中强强奶奶的做法和想法,在日常生活中是非常常见的。强强奶奶在没有得到强强同意的情况下,就将玩具拿给了壮壮,造成强强的抗拒与哭闹。而小几个月的壮壮愿意分享的行为更增添了强强奶奶的苦恼,认为不分享的婴幼儿是自私的。

我们常常会鼓励婴幼儿要学会分享，但是如果他们不情愿的时候，家长还要强迫他们去分享往往会激化情绪。2-3岁是个体发展的"第一叛逆期"，有很强的自我意识，这个时候，作为祖辈要尊重和理解婴幼儿的各种选择，不能强迫婴幼儿分享。

但是"不强迫"，并不意味着"不鼓励"。如果想要让婴幼儿分享，首先，祖辈们就一定要尊重他们的物权，2-3岁是婴幼儿建立物权意识的关键时期，要让他们体验到自己是物品的主人，可以自由支配物品。当婴幼儿感觉自己对物品具有一定的控制力时，他的心理是安全的，则容易出现分享行为。其次，祖辈可以尝试向孙辈借东西再归还，让孙辈从亲近的人开始，逐步学习分享，当孙辈有过一些愉快的分享经验以后，再面对小伙伴时，也许会大方地将物品借出一段时间。另外只要婴幼儿有过偶尔的分享行为，作为祖辈都要及时鼓励，让孙辈的好行为得到巩固。

不管怎样，强迫分享都是不可取的。作为祖辈要多理解婴幼儿，站在他们的角度思考问题，才能给予婴幼儿更多的爱。

【刘　阳】

微课四

4、无规矩不成方圆，规则意识早建立

1. 了解婴幼儿违反规则的原因，并认识到婴幼儿规则意识培养的重要性。

2. 掌握培养婴幼儿规则意识的有效方法，并将方法应用到实际生活中。

3. 愿意与婴幼儿共同遵守规则，并帮助婴幼儿树立良好的规则意识。

小游戏

游戏名称：井字棋

游戏工具：白纸若干张、两种颜色不同的笔若干支

游戏步骤：

1. 参与游戏者两两一组，先在白纸上画两条横线以及两条竖线，形成 3×3 的 9 格"井"字棋盘。

2. 每一组中的两位游戏者各拿一支笔，一方代表"O"，一方代表"X"。

3. 第一轮可以通过"石头、剪刀、布"的游戏方式决定谁先开始画，然后分别由代表"O"和"X"的游戏者轮流在格子里留下标记，任意三个标记形成一条直线，则为获胜。

4. 游戏结束后，让祖辈说一说这个游戏的规则是怎样的？树立怎样的规则婴幼儿才能较好地遵守呢？

导言

在日常生活中，婴幼儿经常会出现一些违反规则的行为，例如在安静的图书馆大声讲话、与小朋友之间争抢玩具、用完图书或玩具不能够整理好放回原处等，这些都是由于婴幼儿缺乏规则意识所导致的。0-3 岁是婴幼儿秩序感发展以及规则意识形成的关键期，如果在婴幼儿时期能够形成良好的规则意识，则有利于儿童未来各方面的发展，反之则会严重干扰婴幼儿的学习与生活。那么我们该如何帮助婴幼儿形成良好的规则意识呢？一起来看看壮壮奶奶的做法吧！

故事

一天，壮壮像往常一样在客厅看电视，过了一会，壮壮奶奶说："壮壮，时间到了，你已经看了20分钟的电视了，不能再看了！"说着，奶奶便拿起遥控器，准备关电视。壮壮赶紧抓住奶奶的手说："不行不行，我把这一集看完就关掉！"奶奶只好说："好，那看完这点，咱们就关电视咯！"看着看着，壮壮又看完了两集电视，这样的事情在家里经常发生。

几天后，壮壮对奶奶说："奶奶，我眼睛疼。"奶奶一看，孙子的眼睛有点泛红，便着急地说："你看你，让你不要看那么久的电视！"壮壮立马反驳道："是你自己又给我打开了！"

这时奶奶突然意识到是自己没有坚守原则，也没有遵守和壮壮之间的约定。于是，当天晚上，奶奶和壮壮一起制定了看电视的规则，并把它贴在电视旁边。

后来，有一天壮壮又在看电视。二十分钟到了，奶奶正准备关电视。

图6 没有规矩的餐桌

壮壮又一次说:"奶奶,我再看完这一集!"这一次,奶奶没有再心软了,她指着电视旁的规则,坚定又温和地对壮壮说:"壮壮,咱们是不是已经约定好每天只看20分钟的电视?"壮壮只好说"嗯"。为了让壮壮更好地遵守看电视的规则,奶奶又想出了一个好主意,于是她对壮壮说:"听说天天哥哥买了一个新的滑板车,我们一起去看看吧!"一听要去找天天哥哥,壮壮立马把看电视这件事情抛在了脑后。

晚饭时,奶奶当着全家人的面,夸奖壮壮说:"壮壮今天遵守了我们的约定,只看了20分钟的电视,一分钟都没有多哦!奶奶相信壮壮以后也能遵守我们之间的约定!"壮壮自豪地看着奶奶说:"嗯!"

故事解读

规则意识是婴幼儿社会认知发展中规则认知的重要组成部分,它关系到其未来社会行为习惯的培养与养成。虽然婴幼儿有时候会出现一些违反规则的行为,但作为家长应该理解孩子的行为,并将他们破坏规则的行为当作是一次培养其规则意识的好机会。正如故事中的壮壮奶奶一开始并没有遵守和壮壮之间的约定,后来壮壮眼睛疼的时候,壮壮奶奶才开始反思自己的行为。接着,壮壮奶奶立马采取措施,与壮壮共同制定了规则卡片,最后当壮壮遵守了规则时,壮壮奶奶也毫不吝啬地给予了壮壮表扬和鼓励。可见,壮壮奶奶后面正确的做法可以帮助壮壮逐渐形成良好的规则意识。

因此,当婴幼儿破坏规则时,我们可以向壮壮奶奶学习,想一想孩子为什么不遵守规则,一般来说有以下几个方面的原因。第一个原因可能是因为家长自身没能遵守规则。例如,故事中的壮壮奶奶一开始就没有遵守好与壮壮之间的约定。第二个原因可能是由于祖辈和父辈的教育观念不一致,如果祖辈和父辈对孩子的要求不一致则会导致婴幼儿的规则意识混乱,会认为规则是可以被打破的。第三个原因可能是由于家长急躁、苛刻、爆发性的管教，例如打、骂、威胁或者体罚孩子。这样的管教方式会导致孩子就算破坏了规则也不敢告诉家长，或者为了避免惩罚而不愿承认自己破坏了规则。

在了解到孩子不遵守规则的原因之后，可以采取一些措施来帮助他们树立良好的规则意识。

第一，家庭成员与婴幼儿共同制定规则。在制定规则时，祖辈和父辈不仅要充分沟通以确保家庭中规则的一致性，还应给予孩子一定的主动权。与孩子共同制定规则而不是强硬地用规则去约束孩子，如果规则是孩子主动想出并制定的，那么他们遵守规则的效果也会更好。

第二，应制定积极、明确、坚定的规则。许多家长会经常对婴幼儿说："你必须马上上床。"还有的家长会说："我们晚上九点睡觉。"对比来看，我们可以发现后面这位家长的规则描述比较积极、明确，而且坚定，包含了规定的时间以及行为。让规则更加具体化，婴幼儿也更容易理解和遵守。

第三，家长应以身作则，积极示范并与婴幼儿共同执行规则。例如，如果你希望孩子能够学会在早上起床时把自己的被子叠好，那么作为家长也应该把自己的被子叠好。

第四，可以采用奖励和监督强化婴幼儿的规则意识。首先，在日常生活中，可以通过赞美、鼓励或者使用贴纸等方式强化婴幼儿的良好行为，例如故事当中的壮壮奶奶在壮壮遵守了规则后，即时地给予壮壮鼓励和表扬。其次，监督和激励孩子达到期望。在规则制定的一开始，孩子们可能会积极遵守规则，但随着时间的推移，孩子们可能会忽视规则的存在。这个时候我们可以采用提问的方式来帮助孩子们强化规则。可以采用以下四种提问：你在干什么？我们是怎么规定的呢？我们为什么会有这个规定？如果你违反了这个规定会怎样？

第五，为可能会遇到的困境做一些准备。例如有的婴幼儿在逛超市时，由于想要心仪的玩具而赖在超市不走，面对这样的孩子，我们可以在去超市之前，就与孩子协商好逛超市的规则：什么东西可以买，什么东西不能买，应当遵守哪些规则。

总的来说，想要培养婴幼儿的规则意识，需要做到以下几点：第一，制定规则，强化意识；第二，以身作则，共同遵守；第三，长期坚持，态度坚定；第四，强化鼓励，增强信心。相信通过以上的方法，我们就能帮助婴幼儿培养良好的规则意识。

【龚　扬】

微课五

5、宝宝就医切莫慌，提前预备不匆忙

学习目标

1. 了解婴幼儿就医前需要做的准备工作。
2. 帮助缓解婴幼儿看病时的抵触情绪和恐惧心理。
3. 引发祖辈教养情感共鸣，帮助祖辈建立正确的婴幼儿就医准备观念。

小游戏

游戏名称： 手工温度计

游戏工具： 黄色和蓝色卡纸各一张、黑色和红色马克笔各一支、铅笔、剪刀

游戏步骤：

1. 用铅笔在蓝色卡纸上画出温度计的形状。

2. 用剪刀沿着画好的温度计轮廓将其剪下。

3. 在黄色彩纸上画出一个四周有弧度的长方形，然后向内画出刻度，并用剪刀沿着长方形的轮廓剪下。

4. 在黄色卡纸背面贴上双面胶，将其贴在蓝色卡纸上。

5. 最后用红色马克笔填充刻度，并用黑色马克笔沿着蓝色卡纸内部画一圈，这样，一个手工卡纸温度计就做好了。

导言

婴幼儿就医往往是令祖辈们焦急万分又手忙脚乱的事情，很多婴幼儿对医院时会出现抵触情绪。那么，祖辈在婴幼儿就医前应该做哪些准备工作呢？以及婴幼儿在就医过程中出现抵触情绪，祖辈们又应该如何应对

呢？接下来，我们一起看看故事中的萌萌和外公外婆在就医时遇到了哪些问题吧！

故事

"外婆，外婆，我肚子好痛啊！"萌萌捂着肚子，脸色发青，疼得说不出话。外婆听到萌萌的叫喊连忙拿起钱包，带着萌萌赶往医院。在外婆排队挂号的时候，她发现萌萌的出生证、疫苗接诊本都没有带，于是着急地给外公打电话："老伴儿，你到家了吗？萌萌肚子疼，我带她来医院了，可是我走得太急，什么都没带，你快把萌萌的就诊包送过来！"

外公送来了就诊包，便抱着萌萌在门口等着叫号，一旁的外婆看到萌萌的嘴唇有些发干，想给萌萌补充些水分，才发现没带水杯，于是向护士要了一次性纸杯。排队的时候，萌萌看到医生给别的小朋友打针，突然哭喊着说："我不要打针，我不要打针！"一旁的外婆只好不停地轻拍着萌萌说："萌萌不怕不怕，外婆在，外婆在。"

这时外婆看到前面排队的一个奶奶怀中的小朋友很乖，于是便走上前说："你家宝宝好勇敢啊，一点也不怕来医院。"那位奶奶听完立刻回应道："哎哟，我家宝宝一开始来也很闹腾的，但是护士给了我们一个玩具听诊器，宝宝觉得新鲜有趣就开始玩，也就不哭了哦。"外婆听完那位奶奶的话，立刻找护士也给萌萌拿了一个玩具听诊器。

医生说萌萌患了急性肠胃炎，平时要注意孩子的卫生，勤洗手，餐具、奶具、玩具等都要定期消毒，隔夜食物吃之前要彻底加热才能吃。外公外婆认真记下了注意事项，回家后把就医要带的东西也都一一记在了本子上……

图7 缓解孩子打针的抵触情绪

 故事解读

本故事中的外公外婆在带萌萌就医的过程发现了就医准备的不足，通过排队时与同辈奶奶交流，学会了如何缓解萌萌的就医抵触情绪。虽然这次就医体验有些慌张，但他们获得了宝贵的就医经验。下面让我们了解一下婴幼儿就医的一些必备知识吧！

1. 就医前的准备

（1）资料袋：以下六样东西都是婴幼儿就诊时的必备资料，以防每次出门都要清点用品，可以专门准备一个资料包，把需要的资料都装在里面。

① 医保卡

② 病历本

③ 前期检查报告等病历资料

④ 疫苗接种本

⑤ 笔记本和笔

（2）用品袋：除了就诊用的资料袋以外，还有婴幼儿的护理问题，此时准备一个用品袋也是解决问题的好办法。为了让婴幼儿不哭不闹，还可以带上一两件小玩具，虽然比较重，只要装备齐全上医院，就不怕长长的队伍了。用品袋里可以包括以下物品：

① 水杯

② 纸尿裤

③ 干湿纸巾

④ 毛巾

⑤ 替换衣服及袜子

⑥ 玩具

⑦ 塑料袋（以便装呕吐物或垃圾等）

⑧ 口罩

⑨ 免洗消毒液

⑩ 备用奶嘴（可选）

2. 关于宝宝对医院的抵触心理

婴幼儿为什么这么怕去医院呢？祖辈们不必过于担忧，这是婴幼儿的本能反应。医院在婴幼儿眼里是一个严肃而陌生的环境，婴幼儿看到的是一张张陌生的面孔，医生、护士穿着白大褂、戴着口罩，严肃地走来走去，同时还听到很多哭声。这些都会让婴幼儿产生恐惧，但是就医是婴幼儿成长过程中必然会经历的事情。那么，如何让婴幼儿平静地对待就医、吃药、打针呢？祖辈们做到以下几点可以有效缓解婴幼儿的就医抵触情绪：

（1）祖辈要帮助婴幼儿建立一种平静地面对就医事宜的习惯

沟通是帮助婴幼儿认识一件事情的主要方式，沟通的时候，祖辈不要把打针、吃药、输液等事情夸大或者缩小，告诉婴幼儿打针的原因。这样，婴幼儿就有了心理准备，到了医院，接受各种检查、治疗，就不会太恐惧。

（2）带婴幼儿熟悉医院环境

平时，祖辈可以利用带婴幼儿去打预防针的机会，带他们在医院里到处走走，看看花坛的花草、读读橱窗里的图片、和来就医的小朋友玩一玩等，以此让婴幼儿熟悉医院环境。

（3）做一些适应性的游戏

祖辈平时可以和婴幼儿玩一些"打针""吃药""拍片"等与就医有

关的游戏。当婴幼儿获得了一种心理上的适应，便会觉得就医检查、打针和吃药等不是什么大事。

3. 就医后的护理

（1）注意个人卫生，饭前便后勤洗手。

（2）不吃生的食物，不饮用生水，不吃放置时间过久或过期变质的食品。

（3）生熟食品应分开存放，已消毒餐具和未消毒餐具分开存放，避免交叉感染。

（4）夏秋季节为本病的高发期，尽量不到人群聚集场所。

（5）婴幼儿患者应注意乳品的保存，以及奶具、食具、便器、玩具的定期消毒。

（6）煮熟的食物趁热吃，隔夜食物吃之前要彻底加热。

【梅　芬】

微课六

6、宝宝发热别着急，正确处理是第一

学习目标

1. 了解婴幼儿发热的相关知识，并能够运用正确知识处理儿童发热症状。

2. 建立对儿童发热症状的科学防护意识。

3. 缓解祖辈面对婴幼儿发热症状时的焦虑。

 **小游戏**

游戏名称：制作就医准备清单

游戏工具：一张硬纸卡片、一把直尺、一支笔

游戏步骤：

1. 先准备一张硬纸卡片。

2. 用直尺在卡片上画出一个 8 行的表格，再从第二行开始在中间画一条竖线，使得表格变成 2 列。

3. 然后让祖辈在第一行写上标题"就医准备清单"。

4. 第一列从第二行开始依次向下写上"资料袋""医保卡""诊疗卡""病历本""出生证明""疫苗接种本""笔"和"笔记本"及"塑料袋"。

5. 第二列从第二行开始依次向下写上"用品袋""水杯""纸尿裤""干湿纸巾""毛巾""替换衣服""毛巾"。

6. "就医准备清单"就做好啦！

导言

婴幼儿生病这件事并不可怕，它其实是在提醒祖辈在照顾婴幼儿的时候还应该注意些什么，还有哪些需要调整。我们甚至可以把生病理解为婴

幼儿身体向我们传递的信号：我生病了，我需要休息。需要祖辈们以科学的方式传递更多的关爱。那么，当面对婴幼儿最为常见的发烧时，祖辈们该如何应对呢？

故事

壮壮今年两岁啦！壮壮的爸爸妈妈平时工作很忙，壮壮由外婆和外公照顾快两年了。

今天中午吃饭的时候，外婆发现壮壮不愿意吃饭，连面对自己最喜欢的玩具的时候也提不起精神来，而且小脸有点泛红。于是外婆摸了摸壮壮的额头，感觉有点烫。

外婆立即喊外公过来给壮壮量体温，腋温一量是 38.5 ℃，外婆心想这下不得了，肯定要把脑子烧坏了。

看着壮壮小脸越来越红，外婆也越来越着急。外公对外婆说："老伴儿，别急，孩子身体这么烫，你去拿个冷毛巾，先给壮壮降降温。"给壮壮敷了一会冷毛巾后，外

图 8　发烧的宝宝

婆抱起壮壮就准备出门去医院。

外公在后面大喊道："别着急啊，医院那么多人排队，等那么长时间壮壮不得饿了呀！你先去把按照之前专家建议给壮壮准备的医疗包拿着，再去找点面包和温开水，多准备点，我们也要吃的！"

"那你快来抱着壮壮，我去找吃的！"外婆催促道。

"对了，老伴儿，把医疗包里的玩具换成壮壮最近爱玩的那个！我怕他到了医院又吵闹着要！"

看完了医生，发现壮壮就是普通的受凉感冒，外婆悬着的心终于放下了。医生还告诉外婆回到家后要注意给壮壮多喝水，保持大便的通畅，注意吃一些清淡的食物。于是外婆给壮壮做了米汤和鸡蛋羹，壮壮吃得很开心。

晚上，壮壮已经渐渐入睡，窗外淡淡的月光照在壮壮可爱的小脸上……

 故事解读

1. 什么是发热？

婴幼儿的基础体温为 36.9 ℃ ~ 37.5 ℃。婴幼儿的体温调节中枢神经紊乱，发育尚不完全。一般当婴幼儿体温超过基础体温 1 ℃ 及以上时，可认为婴幼儿发热，它的分度（腋温）如下：

37.5 ℃ ~ 38 ℃为低热

38.1 ℃ ~ 38.9 ℃为中度发烧

39 ℃ ~ 41 ℃为高热

41 ℃以上为超高热

2. 婴幼儿发热常见原因

（1）产热过多。细菌、病毒、真菌等侵入机体引起感染后，机体的防御系统为保护机体，可作出各种保护机体的反应来抵御病原菌，发热就是其中的一种抵御反应。

（2）散热过少。婴幼儿中暑或经过长时间的阳光辐射后，如果不及时散热，也会导致发热。

3. 常见婴幼儿体温计

（1）电子体温计

（2）耳部红外线体温表（耳温枪）

（3）水银温度计

注意：不管哪种体温表，使用前都要用温肥皂水清洗或用酒精擦拭，再用清水冲干净。

4. 正常体温范围

（1）口腔温度正确判断方法：婴幼儿口腔温度正常为 36.2 ℃ ~ 37.3 ℃

之间，凡超过正常范围 0.5 ℃以上时，称为发热。

（2）腋温正确判断方法：腋下温度一般在 36 ℃～37 ℃之间，腋温超过 37 ℃，即为发热。

（3）肛温正确判断方法：正常新生儿肛温在 36.2 ℃～37.8 ℃之间，婴幼儿肛温超过 37.8 ℃，即为发热。

5. 家庭常见发热认识误区

误区一：发热后给婴幼儿"捂汗"

实际上，婴幼儿的体温调节中枢发育不完善，汗腺发育也不完善，发热后捂被子、包毯子不仅不能使体温下降，还会影响散热，使体温升高，甚至引起高热惊厥。正确做法是让孩子穿透气性好的轻薄衣服，如棉质服装。

误区二：婴幼儿感觉热就是发热了

其实婴幼儿感觉身体发热的原因很多：剧烈运动后，以及刚从温暖的被窝中出来，或热天待在户外等，但在这些情况下，婴幼儿的皮肤温度在 10～20 分钟内就能恢复正常，所以孩子感觉热不一定是发热哦！

误区三：体温降下来后，就不会再反弹

婴幼儿发热时，体温反复升降很正常。大部分由病毒感染引起的发热通常会持续 2～3 天。因此，当药力逐渐减弱，体温就会回到原来的水平并需要再次治疗。只有彻底制服了病毒时，发热才会消失。

误区四：发热会烧坏大脑

当机体受某些病毒、细菌感染时，可能引起脑炎、脑膜炎等损伤神经系统的疾病同时伴有发热症状。这类疾病损伤脑部，而不是发热烧坏脑部。其实，在临床上某些代谢性疾病不表现出发热也可能会对脑神经有伤害。

误区五：用酒精擦浴退热

酒精擦浴禁用于婴幼儿！因为高热时用酒精擦拭，会使患儿通过呼吸道和皮肤吸收大量的酒精。婴幼儿因为肝功能不完善，对酒精代谢能力差，易导致血液中酒精浓度升高，引起中枢神经系统损伤。酒精擦浴尽管可促进成人散热以降低体温，但对婴幼儿健康会产生不利影响。

【陈凤仪】

微课七

7. 宝宝防护要做好，传染病毒被赶跑

1. 了解婴幼儿常见传染病的相关知识。

2. 掌握婴幼儿常见传染病的防护措施并将其正确运用到实际生活中。

3. 引发祖辈情感共鸣，建立对婴幼儿常见传染病的科学防护意识。

小游戏

游戏名称： 剪指甲

游戏工具： 一张彩纸，黑色水笔，儿童剪刀，指甲刀

游戏步骤：

1. 在一张彩纸上画出手的轮廓。
2. 再画出五个指甲盖，用黑色水笔将指甲盖涂黑一部分。
3. 用剪刀沿着画好的手的轮廓将其剪下。
4. 最后拿着指甲刀将指甲盖中黑色的部分剪下来。

导言

婴幼儿因免疫系统尚未发育成熟、抵抗力差，易被病毒攻击患上传染病。为了预防常见的婴幼儿传染病，我们应采取积极主动的措施，消灭传染源、切断传播途径，给婴幼儿穿上"防护服"。

故事

周二下午，壮壮奶奶突然接到幼儿园老师的电话，通知壮壮明天开始停课。因为班上有两位小朋友得了手足口病，说这种病会传染，并让家长做好孩子的隔离防护工作。壮壮奶奶立刻赶到幼儿园把壮壮接回了家。

回家后,壮壮妈妈打来电话叮嘱奶奶给壮壮做好防护,要勤洗手、多通风、晒衣被,出门一定要戴口罩,不要到人群密集的地方,最重要的是避免让壮壮接触患病儿童。听了壮壮妈的叮嘱,壮壮奶奶很担心,壮壮妈妈安慰壮壮奶奶说这是婴幼儿常见的传染病,就像流行性感冒一样,而且壮壮之前也打过这个疫苗,只要多注意做好防护就行。

第二天早上,壮壮醒来后吵着说想去幼儿园找小朋友玩。奶奶耐心地对壮壮说:"宝贝,幼儿园关门了,老师说幼儿园里有个小怪兽哦,它会让宝宝嘴巴里、小手上、还有小屁屁上长满红点点,还有可能会让宝宝发热。等这个小怪兽被彻底赶走了,咱们才能去上学,其他小朋友也一样在家不乱跑的哦,奶奶陪壮壮玩上次新买的乐高玩具好不好呀?"壮壮听了奶奶的话,跑去拿乐高玩具和奶奶一起玩了起来。

一两天后,壮壮在家待不住了,吵着要出去玩。"壮壮,幼儿园的小怪兽还没有被赶跑。老师还说了:对于听话不乱跑,在家勤洗手的小朋友,开学后会奖励小红花。你想不想要小红花呀?""我想要,我想要!""那我们开学后再找强强玩,好不好?"壮壮开心地说好。

在隔离的这段时间,壮壮奶奶和壮壮爷爷每天在家认真打扫,给所有的餐具特别是壮壮的小碗、小勺子、小杯子消毒,保持通风,把衣服被子都拿出去暴晒。壮壮也很听话，认真洗手，乖乖吃饭。

等了四天，幼儿园还是没有通知壮壮去上幼儿园，奶奶还是有些担心。于是去了社区医院咨询了社区医生，了解到原来儿童常见的传染病原来还有水痘、流行性腮腺炎等，隔离的时间一般是2周左右。

图9 正确洗手要做好

两周后，壮壮老师打来了电话，通知患病的幼儿已经完全康复，学校也已经做好了全方位消毒工作，壮壮可以重新回去上幼儿园了。壮壮知道后甭提多开心了，奶奶也终于放下心来，一家人终于回到了正常的生活轨道。

 故事解读

1. 常见传染病类型

（1）什么是手足口病？

手足口病属于急性传染病，多发于学龄前，尤多见于3岁以下的婴幼儿。主要症状有咽喉肿痛、发热，口腔、屁股、手脚侧面、掌心起小泡。手足口病分为普通型和重型两种，多数为普通型，症状较轻，重症手足口病时，婴幼儿会迅速出现精神萎靡、呼吸急促等症状，这时要立即去医院，交给专业医生处理。

（2）什么是水痘？

水痘也属于急性病毒传染病，冬春季多见。水痘病毒有12～21天的潜伏期，感染者发病后会出现头痛发热、乏力不适、食欲不振、咽痛咳嗽等症状，1～2天后出痘，躯干和四肢近端先出，形态从斑疹到红丘疹再发展到疱疹，常伴局部神经痛。接受正规治疗后，如果没有并发感染，一般7～10天可治愈。

（3）什么是流行性腮腺炎？

流行性腮腺炎四季均有流行，以冬、春季常见。它是由腮腺炎病毒引起的急性、全身性感染，以腮腺肿痛为主要特征，以直接接触、唾液为主要传播途径。常见症状有发热畏寒、头痛、食欲不振、全身不适。腮腺的肿大以耳垂为中心，向前后、下方扩大，一侧腮腺肿大2～3天后另一侧也肿大，3～5日最肿，一周左右消退，全病程10～14天，感染后可获得免疫。

2. 预防宝宝常见传染病的方法

（1）控制传染源。感染传染病的婴幼儿与接触患者的婴幼儿都应及时隔离，以免传染给其他婴幼儿。祖辈要经常观察婴幼儿身体和精神状况，发现其存在腹泻、咳嗽、发热、皮疹、水疱等症状时，应立即送医。

（2）切断传播途径。勤洗手，勤通风，保持环境整洁；用消毒水擦拭婴幼儿的餐具和玩具等；婴幼儿的衣物、被褥等生活用品，每天都要曝晒至少 2 小时；婴幼儿的餐具要煮沸消毒。多喝开水，不吃生冷食物，出门戴口罩。另外，祖辈也要注意自身卫生的清洁，并教育幼儿讲卫生、讲文明。

（3）接种疫苗。应按时带婴幼儿接种手足口病、水痘、腮腺炎等常见的儿童传染病疫苗。接种完疫苗后仍要继续做好防护，建立科学的防护意识，以免被其他感染源感染。

3. 要注意在隔离期间安抚好幼儿的情绪

（1）婴幼儿传染病在隔离期间容易出现哭闹等情况，此时要注意安抚婴幼儿的情绪。如故事中壮壮吵着要去幼儿园，因为幼儿并不懂得病毒本身的含义，所以奶奶运用儿童化的语言，将病毒比作小怪兽，并用玩具转移了壮壮的注意力，在壮壮再次吵着要出去之后，奶奶抓住幼儿心理用提醒老师会奖励小红花的方式让壮壮停止了吵闹。

（2）祖辈在婴幼儿患病时要调整好自己的情绪。很多祖辈在面对传染病的时候会十分担心，产生焦虑。祖辈的情绪会间接影响孩子的情绪，所以面对孩子生病，祖辈自身要调整好自己的情绪，给孩子做好榜样，让孩子有一个积极的情绪和孩子的身体健康同等重要。

4. 婴幼儿七步洗手法口诀

自来水,清又清,洗洗小手讲卫生。

饭前便后要洗手,细菌不会跟着走。

手心相对搓一搓,手背相靠蹭一蹭,

手指中缝相交叉,指尖指尖转一转,

手腕手腕转一转,做个整洁好宝宝。

5. 预防传染病小贴士——戴口罩的重要性

新冠疫情之下,口罩已经成为人们日常生活中必不可少的一部分,戴口罩也逐渐成为我们的日常习惯。一只口罩虽然不能完全保证我们不被感染,却可以大大降低被感染的几率,所以我们有必要向婴幼儿说明戴口罩的重要性,教会婴幼儿正确佩戴口罩。为此,科学育孙家建议祖辈注意以下几点:

第一,祖辈自身要坚持出门正确佩戴口罩,尤其是人群聚集的地方,给婴幼儿做好榜样;第二,可以通过讲故事的方法向婴幼儿说明为什么大家都要戴口罩以及不戴口罩的危害,让婴幼儿产生出门要戴口罩的意识;第三,要教会婴幼儿正确戴口罩,很多婴幼儿因为觉得戴口罩闷或者勒耳朵,不喜欢甚至排斥戴口罩,这个时候祖辈就要想办法让婴幼儿乖乖带口罩，祖辈们可以购买印有卡通图片或彩色的专用的婴幼儿口罩，易于让婴幼儿接受；第四，要多鼓励婴幼儿自己戴口罩，祖辈可以跟他们一起在镜子面前多多练习戴口罩，以此减轻婴幼儿对戴口罩的陌生感和抗拒感；第五，还可以通过游戏的方式和婴幼儿比赛看谁先戴好口罩，让婴幼儿在独立戴口罩中产生成就感。

【戴文双】

第四章
3-6岁儿童的祖辈教养

1、小表扬大学问，鼓励成长有方法

微课八

1. 了解不同的表扬方式及其对于儿童的影响。

2. 掌握正确、科学的表扬方式，并将相关方法应用到实际生活中。

3. 引发祖辈教养的情感共鸣，帮助祖辈建立正确的儿童表扬观念。

 **小游戏**

游戏名称： 表扬小剧场

游戏工具： 若干张不同情境的儿童照片、小黑板、粉笔

游戏步骤：

1. 向祖辈展示若干张不同情境的儿童照片（如：儿童在认真画画、儿童在做家务、儿童拿着奖状）。

2. 鼓励祖辈结合实际情况用不同的话语去夸一夸照片中的儿童。

3. 让不同的祖辈间相互交流意见，并在小黑板上记下每位祖辈表扬的话语。

4. 带领祖辈一起分析哪种表扬方式更加合适。

导言

　　儿童时期是智力、个性、情感、社会化发展的关键阶段。在这一阶段，适当的表扬有利于儿童的成长。表扬是一门艺术，蕴藏着大学问。随着时代的不断发展，祖辈越来越意识到表扬的重要性，科学的表扬方式事半功倍，祖辈可以通过选择恰当的表扬方式帮助儿童增长自信、健康成长。

故事

从幼儿园回来后,悠悠兴奋地跑进厨房,向奶奶展示自己的画:"奶奶,你快看,这是我画的!""好好好,悠悠真棒!"奶奶只顾着手中的饭菜,头也没回地说道。悠悠"哦"了一声,就低垂着小脑袋走出了厨房。

第二天早上,悠悠再次拿着画,期待地看着奶奶,说道:"奶奶,你看,这是我画的哦!"奶奶扫了一眼便说道:"悠悠真聪明,真棒!"悠悠似乎更不开心了,撅着小嘴就去洗漱了。随后,奶奶发现悠悠在吃早饭和上学路上都不怎么说话,开始疑惑起来。在幼儿园门口,奶奶跟老师说道:"悠悠今天有点不高兴,麻烦老师多多注意一下。"王老师听后便询问悠悠的情况,奶奶把在家发生的事情告诉了王老师。王老师听完后认真想了想,对奶奶说:"我觉得悠悠可能是想要得到你更具体的表扬,表扬也是需要技巧的。"奶奶疑惑地回答道:"啊?是吗?我从来没注意过这个问题,那我该怎么做?"王老师便告诉了奶奶一些表扬的小技巧,奶奶决定试一试。

放学后,悠悠把自己在幼儿园画的画拿给奶奶看,这次奶奶认真地看着画说道:"悠悠的画里

图10 小表扬大学问

有草地和天空，草地是绿色的，天空蓝蓝的，色彩非常鲜艳丰富，奶奶十分喜欢，以后悠悠肯定能画出更好看的画！"说完后，奶奶轻轻地摸了摸悠悠的头。悠悠听完后，拿着画开心地在客厅里蹦蹦跳跳："奶奶夸我的画好看啦！"奶奶看着兴奋的悠悠，心想："原来表扬孩子的技巧那么重要呀，又学到了一招！"

 故事解读

在日常生活中，有些祖辈没有注意到表扬的艺术，如：对表扬意义认识不够充分、表扬方式运用不得当、表扬内容指向不明等。故事中的奶奶一味地以"你真棒""你真聪明"等宽泛的语句来表扬悠悠，并伴之以敷衍的态度。悠悠听后没有感到开心，反而认为自己的努力没有得到认可。斯金纳的强化理论指出，当儿童的良好行为受到表扬时，其良好行为再次出现的可能性就会增加，教师或家长若要想使儿童的某种行为或反应巩固下来，需要在儿童出现良好行为后给予表扬、及时强化。通过表扬，儿童可以感受到来自他人的认可，并形成一种积极的情绪体验，进而促进幼儿精神层面的发展。

为了充分发挥表扬对儿童成长中的积极作用，祖辈可以采取以下方法：第一，运用描述性语言表扬儿童的行为。描述性的表扬指的就是用具体的、详细的、描述性的语言告诉儿童哪里做得好、为什么被欣赏以及以后该怎么做;第二,表扬努力而非天赋。科学研究表明,表扬儿童的天赋不利于幼儿的健康成长。通过表扬儿童的努力,让其相信自己具备变得更好的能力;第三,表扬过程而非结果。表扬过程,能够让儿童享受过程的乐趣,而非只注重结果。第四,恰当的身体接触。采用摸摸头、拉拉手等方式让儿童感受到来自祖辈的温暖和真诚。

【储海燕】

微课九

9. 小情绪大影响,情绪能力需培养

学习目标

1. 了解祖辈教养家庭中儿童情绪能力发展的特点及其培养的重要性。

2. 掌握培养儿童情绪能力的正确方法,并将相关方法应用到实际生活中。

3. 引发祖辈教养情感共鸣,帮助祖辈发展培养儿童情绪能力的信心。

小游戏

游戏名称：小小故事王

游戏工具：硬纸板、彩色纸、剪刀、纸盘、胶水、彩色笔

游戏步骤：

1. 从硬纸板上剪下圆形，并用彩色纸剪出表达各种情绪的五官的形状：如快乐的及悲伤的眼睛、微笑的及不悦的嘴巴等。

2. 请祖辈在圆形纸上排列组合这些五官，以呈现出快乐、悲伤、生气、害怕、无聊、疲倦的表情，也可以用画笔添加几笔，让表情更生动。

3. 请祖辈依据这些表情编一个在日常生活中发生的简单的故事。

4. 和祖辈一起讨论在怎样的情况下，人们会有喜悦、寂寞、愤怒、得意等情绪出现。

导言

这里将讨论祖辈教养背景下儿童情绪能力的发展，包括儿童的情绪理解能力、情绪调节能力。其旨在帮助参与育孙的祖辈了解儿童情绪发展的特点、对儿童的影响，使祖辈学习一些简单易行的培养儿童情绪能力的知识，帮助儿童应对消极情绪等。

培养情绪理解能力

故事

周六早上,琳琳来到外婆家,两只手插在兜里,外婆迎上来热情地和琳琳打招呼,琳琳也没有回应。外婆抱起琳琳,说:"告诉外婆,琳琳遇到什么不开心的事情了?"琳琳低着头,抿着嘴,不说话。外婆搂了搂琳琳说:"琳琳是不是不开心啊,以前琳琳都是一到外婆家门口就喊外婆的。"琳琳:"我害羞。"外婆:"傻孩子,来外婆家有啥害羞的?"琳琳:"妈妈昨天答应我今天可以骑小车来外婆家的,但是今天她又不让我骑了。"外婆:"哦,原来是妈妈答应琳琳的要求,却没有做到,我们琳琳很生气呢!是不是啊?"琳琳:"对,我很生气!"

故事解读

故事中,琳琳很生气,但是她却用了"害羞"来表达,让外婆听得丈二和尚——摸不着头脑。可见,琳琳在识别理解自己的情绪上仍有所欠缺。其实儿童具有很宽广、丰富的情绪感受,但有时却没有足够的语言来形容、表达自己的情绪。情绪理解能力是个体理解情绪的原因和结果,并对自己和他人的内在情绪体验进行推测、解释以及作出恰当反应的能力。

情绪理解能力的发展可以使儿童了解自己和他人的情绪，而且影响着他们的社会化行为。国外有研究指出，情绪理解与儿童社会能力和积极的同伴关系有关。儿童的情绪理解能力越好，与同伴交流就越多，越有可能对同伴表现出亲社会行为，也就越有可能被教师评价为社会能力高。

故事中，外婆能耐心与琳琳讨论情绪问题，让琳琳识别、理解自己当下的情绪。外婆的做法值得借鉴，要知道儿童最先是在家庭中认知情绪的，而家长作为儿童情绪发展的支持者、引导者，对儿童的情绪理解能力的发展起着重要的作用。

为此，我们提出如下育孙建议：

1. 多带孙辈到公园、社区玩耍，或邀请小朋友来家里玩，提供发展情绪理解能力的机会

儿童参加的社会活动多了，能接触到更多不同的情绪，有机会理解不同情况下所引发的情绪。邀请其他幼儿来家中玩，儿童就有机会接触差不多年龄的小伙伴，他们可能会自发玩角色游戏，在游戏过程中，儿童可以自然地使用情绪语言，并将情绪反应或行为通过角色游戏生动地表现出来。祖辈在儿童的游戏冲突或纠纷中提供适当支持，使用正式或非正式的方式，告诉儿童为什么别人这样做以及他人的感受，帮助儿童进行经验迁移，从

而让儿童学习体察、理解、感受他人的情绪。

2. 和孙辈一起玩帮助其理解情绪的游戏和活动；带孙辈阅读与情绪识别、理解相关的绘本

（1）祖孙共同制作一周心情小书。

这个活动强调情绪改变的时间点。祖辈和孙辈每天画下自己当天的情绪表情或选择自己当天的情绪表情图画上颜色，并说明为什么会有这种情绪。祖辈可以先示范一遍游戏玩法，当孙辈给情绪表情图画上颜色后，祖辈询问孙辈"这是什么情绪""为什么会有这种情绪"，帮助孙辈一起补充文字说明。到了周日晚上，祖孙再一起合作，将一周的表情图制作成心情小书。

（2）绘本——丰富情绪体验的媒介。

绘本因其画面的丰富生动成为儿童最喜欢的阅读资源，绘本中的人物表情是丰富的，祖辈可以带领儿童欣赏与情绪有关的绘本，丰富儿童的情绪体验。例如，绘本《苏菲生气了》用非常生动的表情和动作表现苏菲的强烈情感，儿童观看画面就能很明显地了解苏菲的情绪变化，而书中极富想象力又极夸张的画面还能帮助儿童理解"愤怒"等情绪色彩。祖辈在和孙辈共读的过程中，还可以自然地把描述情绪的词汇教给儿童，帮助孙辈对情绪命名，进一步识别、理解情绪。

培养情绪调节能力

故事

当爸爸妈妈上班的时候,皮皮主要由外婆来照顾。皮皮是一个脾气暴躁、容易生气的小孩,常常因为一点点不顺心的事就大发雷霆,如把玩具扔得到处都是,把晾衣杆推倒在地,把作业纸撕掉,有时甚至用自己稚嫩的双手对外婆施以暴力。外婆拿皮皮没有办法,常常只是默默地帮皮皮打扫战场。周末的时候,皮皮又因为外婆不给他喝可乐而发脾气了。妈妈走到皮皮的身边,试图抱一抱正在发脾气的皮皮,但皮皮就像一个小刺猬,很不顺从地挣脱了妈妈的双手,张牙舞爪,"我不要你抱!"妈妈说:"妈妈知道皮皮现在很生气,那我们来玩一个小游戏(从一旁拿出纸和笔),把你的情绪画下来,好不好?"皮皮抬头看了看,似乎有些兴趣,但嘴上仍然说:"我不要画。"妈妈没有放弃,"皮皮不想画,那妈妈来画!"于是,妈妈就在纸上画了一片乌云,下面有很多雨滴,还在旁边画了一张小朋友的脸,皮皮渐渐被妈妈的画吸引了过来,妈妈说:"妈妈知道

图11 情绪调节很重要

皮皮很难过,那我们就把他画下来。因为皮皮每次发脾气呢,外婆和妈妈都觉得很难过,妈妈再画一个太阳(边说边画),妈妈想太阳公公出来了,我们皮皮也开开心心啦!"

后来一次,皮皮和外婆两人在家,皮皮在屋里玩着小飞机,他拿着飞机兴奋地跑来跑去,一不小心将家里的小面粉桶撞翻了,面粉撒了一地。外婆看了无比心疼,火气一下子就上来了,批评了皮皮,还罚皮皮站在墙角。皮皮眼中蓄着愤怒的泪水,眼看小手已经攥成小拳头。出人意料的是,皮皮这次只是走进房间,拿起纸笔画画。

晚上妈妈回来,皮皮就拿出今天的画给妈妈看,画上是一个快乐的玩飞机的小孩,一桶撒了的面粉,一个生气的外婆,和被罚站墙角的小孩,外婆和小孩的头顶笼罩着一片乌云……

故事解读

皮皮是一个容易发脾气而又不太会控制和调节自己情绪的儿童,妈妈通过画画的方式帮皮皮找到了一种宣泄、调节情绪的方法。成人往往会有这样的体验,当自己的情绪十分低落或恶劣时,大喊大叫发泄一通后会觉得很轻松,这说明消极情绪需要宣泄。儿童也常常因需要得不到满足而大发"脾气",如大哭大闹,甚至还会去攻击别人。

情绪调节对儿童的发展意义重大。首先，良好的情绪调适能力可以帮助儿童达到他们期待的目标。对于儿童而言，良好的情绪能力能帮助其避免过多的情绪困扰，从而更好地发展；同时可以使儿童在与他人的互动中，减少自身及对他人情绪的消极影响。其次，良好的情绪调适能力能帮助儿童获得积极的情绪体验。无论是正面情绪还是负面情绪，当情绪过分激昂或是消沉时，都会造成混乱，引起惊慌的失控感。因此，当儿童了解他们能够独自或在成人的协助下对自己的感觉和情绪表达有所控制时，并且了解自己的感受能被他人接受及认可时，他们会比较安心，从而获得更为积极的情绪体验。此外，良好的情绪调适能帮助儿童体验到自己的能干与熟练。具备良好情绪调适能力，使儿童拥有了能进行情绪调节的自我效能感，除了让儿童体会到对情绪有控制能力之外，还能使其体会到他对于情境的控制感与胜任感，从而能够自信地根据自己的选择，表达情绪感受，并且获得别人的认同与肯定。

为此，我们提出如下育孙建议：

1. **教给孙辈调节情绪的技巧**

（1）和孙辈一起阅读情绪调节类的绘本，如《生气汤》《我变成一只喷火龙了》。祖辈可以试着了解、接纳孙辈的消极情绪，帮助儿童找到合适的宣泄消极情绪的方式，共读也会使祖孙关系更加融洽。

（2）给孙辈准备好画本和彩笔，当孙辈有情绪时，鼓励他将情绪画出来。

当孙辈情绪安定下来，不发脾气的时候，和孙辈一起列一列、说一说发脾气的感受、发脾气的坏处以及可以怎么做。例如：发脾气时，我的心情……发脾气，让我……下次如果我想要发脾气，我就……

【朱 莉】

微课十

3. 大口吃饭也不难，多吃多动身体棒

1. 了解健康饮食习惯对于儿童成长的重要性，了解儿童不良饮食的原因。

2. 掌握培养儿童独立吃饭的方法，并将相关方法和技巧应用到实际生活中。

3. 激发祖辈教养情感共鸣，帮助祖辈建立正确的儿童饮食观念。

 **小游戏**

游戏名称：美味的蓝莓馅饼

游戏工具：棕色和浅紫色卡纸、紫色皱纹纸、胶水、锯齿剪刀

游戏步骤：

1. 用锯齿剪刀剪棕色卡纸，剪出一个圆形和若干长条形。

2. 用锯齿剪刀剪浅紫色卡纸，同样也剪出一个圆形，浅紫色的圆形要比棕色的圆形小一些。

3. 将紫色的皱纹纸揉成一个个小球，用来作为馅料。

4. 将浅紫色圆形叠放在棕色圆形上，并用胶水粘好。

5. 将紫色小球粘在浅紫色圆形上。

6. 把长条形粘在紫色小球上，一个美味的蓝莓馅饼就做好啦。

导言

自从小宇上了幼儿园后，奶奶发现小宇吃饭越来越挑食了。但幼儿园老师每次都夸小宇吃饭表现很棒，奶奶不由得陷入了深思。我们一起来看一下小宇从幼儿园回来后的故事吧。

故事

从幼儿园回来之后,奶奶会先拿些零食给小宇吃。小宇就一边吃零食一边看电视。过了一会儿,奶奶做好晚饭了,奶奶喊小宇吃饭,喊了三四遍,小宇都一动不动。奶奶走进房间里,把电视关了,对小宇说:"宝贝,快出来吃饭!"小宇立马飞奔到餐厅打开电视,才吃了两口,姐姐走过来把电视给关了。小宇便马上说:"奶奶我吃不下了。"然后从婴儿椅上下来,准备去房间继续看电视。

这时候奶奶拦住小宇说:"宝贝,把碗里的米饭吃完再走。"

小宇说:"奶奶,我真的吃得很饱了。"

图12 喜欢吃饭有门道

爷爷说："不行，你必须吃完再走，不然小心你爸爸回来收拾你。"

小宇非常不情愿地回到座位上，快速吃饭，奶奶不停地挑大块的肉和青菜给小宇。

最后，小宇吃完碗里所有的米饭，留下了所有的肉和青菜。小宇准备再次从椅子上溜走的时候，

奶奶哄道："宝贝，把菜吃完再去看动画片吧！"

小宇着急地跺脚说："奶奶，这个太硬了，而且我真的吃不下了。"

奶奶说："你要是哭的话，我就告诉你爸爸。"

 故事解读

首先，儿童的咀嚼能力、消化能力仍在完善中，小宇挑食的情况主要表现在不吃大块的菜上。幼儿的消化道黏膜柔嫩，消化道相比成人短而窄，管壁较薄且弹力组织发育较差，易受损伤。因此在制作幼儿食物时，应该尽量细碎且柔软。

其次，儿童的挑食与家长的引导方式有关。小宇奶奶一般都用说好话的方式劝说小宇吃饭，小宇也会围着桌子满地跑。爷爷的方式与奶奶不同，有时候会说："你不认真吃饭，当心爸爸回来打你。"一般而言，采取强制措施之后，儿童会时不时地乖乖吃饭，但效果不会持久。医学研究证明，

个体的情绪与胃酸分泌及消化功能密切相关，情绪低落时进食，不利于身体健康。儿童在恐惧、烦躁的心情下进食，也会影响对食物消化吸收。长此以往，儿童的消化吸收能力减弱，营养吸收出现障碍，影响儿童的正常生长发育。且奶奶在吃饭前给小宇吃了零食，无规律地吃零食，也会降低正餐的摄入量。边吃饭边看电视也会影响幼儿的进餐速度和食欲。

可以通过以下方法，提高儿童的食欲：第一，改变食物的烹饪方式。食物的色、香、味、外形、温度等刺激能够引起儿童机体的兴奋，有利于增强儿童食欲，促进机体消化吸收。结合儿童消化道娇嫩的特点，儿童的饮食一定要做到碎、烂、软、细。在食物形态上，建议形态多变、生动、色彩丰富。第二，用故事、游戏、实践参与等多种途径培养儿童对食物的喜爱。在条件允许的情况下，祖辈也可以与孙辈一起种植常见的蔬菜，周末带他们去市场买菜，邀请孙辈一起做饭。第三，创设轻松、温馨的用餐环境。家长尽量减少在吃饭时呵斥或指责儿童，尽量让儿童保持愉快的心情专心进食。同时，应尽量避免在有电视的地方进餐。第四，增加儿童的活动量。加强户外锻炼，在大量的运动之后，儿童的饥饿感自然产生，从而引起儿童的食欲。

【卞祥瑞】

微课十一

4、自己的事情自己做，自我服务很重要

学习目标

1. 了解培养儿童自理能力的重要性。

2. 掌握培养儿童自理能力的方法，并将相关方法和技巧应用到实际生活中。

3. 引发祖辈对培养儿童自理能力产生情感共鸣。

小游戏

游戏名称：幸运数字代表我

游戏工具：数字卡片

游戏步骤：

1. 以座位的竖排为单位，每竖排发放从序号1开始的数字卡片。

2. 讲师手中有一副完整的数字卡片，随机抽取其中一张数字卡片，抽取到的数字代表每竖排的一位祖辈，请祖辈回答第一个问题：请您说一说孙辈在日常生活中自己应该做的事情。

3. 讲师再次随机抽取一张数字卡片，请每竖排被抽到的祖辈回答第二个问题：您认为孙辈自己完成自己的事情有哪些好处？

导言

幼儿期是儿童生活自理能力和良好生活习惯初步养成的关键期。自理能力的养成，有助于培养幼儿的责任感、自信心及处理问题的能力，这对幼儿未来的发展有着深远的影响。

故事

"奶奶,快来帮我穿衣服!"果果早晨醒来坐在自己的小床上大声喊叫道。奶奶立刻从厨房出来并回应道:"来了来了,宝贝,奶奶帮你穿。"

下午放学,奶奶准时到幼儿园接果果。这时,王老师走到奶奶面前,对奶奶说:"果果奶奶,我想了解一下,果果在家是自己穿脱衣服吗?班里的小朋友几乎都已经学会自己穿脱衣服了,可是果果每次午睡前后都需要老师帮忙。"奶奶笑着说:"在家都是我给他穿脱衣服的。"王老师接着对奶奶说:"小班的时候,我们就已经教过小朋友们穿脱衣服的方法。现在中班了,小朋友们应该要自己穿脱衣服了。这也是在锻炼小朋友们的自理能力。您回家后呀,可以让果果试着自己穿脱衣服,最好让他自己的事情自己做。培养孩子的自理能力,能增强孩子的责任感、自信心,还能提高他们自己处理问题的能力,这些对果果的成长是有帮助的。"奶奶若有所思地点头答应并感谢了王老师。

回到家后,奶奶决定和果果做一个约定,果果每独立完成一件事,就奖励他一个笑脸贴纸,当集满10个笑脸贴纸,周末就带果果去做他喜欢的户外运动。奶奶把这个约定告诉果果,果果立马答应了。临睡前,奶奶看见果果自己在小床上费劲地脱套衫,没有叫奶奶帮忙。奶奶上前坐在一旁微笑着说:"先把衣服往上提,抓住袖口缩胳膊;左胳膊、右胳膊,左

笑脸贴纸

图 13 奖励笑脸贴纸

右胳膊缩回来；提住领子露出头，果果的衣服脱好了。"果果自己成功脱下了衣服，高兴地向奶奶要笑脸贴纸。

从此以后，果果开始积极地自己穿衣服、脱衣服、收拾玩具。看到果果的自理能力得到了提升，一家人都非常开心。

故事解读

自理能力是指个体能照顾自己的日常生活、了解生活常识、掌握基本的生活技能和劳动技能、能独立解决生活中经常遇到的困难。幼儿自理能力缺乏主要表现在：不能自己穿衣、洗脸、吃饭、整理玩具等。故事中的果果不能自己穿脱衣服，这便是幼儿缺乏自理能力的体现。作为祖辈，在听到孩子的求助信号后，立刻上前帮助，这不利于孩子自理能力的养成。幼儿在成长过程中之所以会出现自理能力较弱的状况，除了受身心发育影响外，还有以下原因：一是祖辈和孩子父母对幼儿身心发展阶段缺乏整体性认识；二是祖辈和孩子父母缺乏对幼儿具体技能的指导；三是祖辈和孩子父母对幼儿过于宠爱。

　　自理能力的培养，对幼儿的成长具有至关重要的影响。在自己动手实践的过程中，幼儿的手指灵活性、动作协调性、手眼协调能力均能得到有效锻炼。在此基础上，幼儿的智力也能够得到进一步发展。那么，该如何培养幼儿的自理能力呢？第一，根据幼儿身心发展规律，培养自我服务（自己的事情自己做）的意识；第二，教会幼儿独立生活的基本技能并通过练习进行巩固；第三，通过表扬和鼓励，强化幼儿"自己的事情自己做"的意识和行为；第四，注重家园共育，祖辈、孩子父母与教师达成共识，共同协作，帮助提高幼儿自理能力。

微课十二

5、你懂我来我懂你，沟通艺术代代传

学习目标

1. 了解祖孙沟通不畅的原因，探究祖孙沟通障碍现象背后的深层次问题。

2. 掌握增强祖孙沟通的有效方法，能够运用建议中的策略解决祖孙沟通中的实际问题。

3. 增强祖孙有效沟通的信心，相信代际沟通的力量。

小游戏

游戏名称：魔法折纸

游戏工具：A4 纸

游戏步骤：

1. 请听从指令完成折纸。

2. 请将 A4 纸对折，再对折，再对折。

3. 请把右上角撕下来，转 180 度。

4. 请把左上角也撕下来，打开折纸。

5. 向其他祖辈展示折纸的样子。

请祖辈观察大家折出来的纸是不是一样的。思考为什么会出现这样的现象。

导言

祖辈与孙辈因为所处时代的差异，客观上造成了祖辈与孙辈在沟通上的一些障碍，特别是祖孙在电子产品、流行语等方面难以实现有效沟通。沟通的故事每天都在家庭成员间上发生着，它在潜移默化中提供了儿童健康成长所需的养分。祖辈的智慧在代际之间流转，而智慧传递的桥梁就是祖辈和孙辈的有效沟通。

故事

徐奶奶深知与儿童沟通的重要性，在自己儿子小时候，她几乎每天都在儿子放学回家后与他谈心。即便在孩子的"叛逆期"，徐奶奶也能和儿子像朋友一样地与他交流。但令徐奶奶没想到的是，在有了孙子康康以后，曾经在沟通方面"如鱼得水"的徐奶奶却经常遇到和孙辈沟通的烦恼。

徐奶奶与孙子康康沟通时最大的障碍是康康只要闲下来就拿着手机、iPad玩个不停。有一次，徐奶奶对康康说："康康，奶奶想知道网络视频怎么搜索观看，你教教奶奶呗！"康康不耐烦道："奶奶，这么简单也不会呀，我昨天都讲过了，你又忘掉了。"徐奶奶："奶奶年纪大了，忘得快，你教教奶奶好不好？"康康："NO！我要自己玩。"更让徐奶奶心里难过的是，晚上家里吃饭，即便孩子家长回来得早，孩子家长也是抱着手机看个不停。

后来，徐奶奶逐渐认识到，只有家长做好榜样，自己转变沟通方式，这一问题才能得到改观。她向康康爸妈提出了这一严肃的问题，并转述了相关新闻和专家的论述，首先和康康爸妈达成了共识，并在家里限制使用手机，给康康树立好榜样。在这一氛围中，徐奶奶对康康说："康康，你

图14　祖孙沟通常开心

昨天把苹果分给丽丽，是一个喜欢分享的伙伴。奶奶今天想看一个电视剧，你调给奶奶看，好吗？"委婉的赞扬给了康康很大的鼓励。在发现康康的改变后，现在奶奶又开始挖掘康康的表现欲，经常请康康在家里当小老师，比如分享自己看到的视频内容、自己在辅导班学习的舞蹈。渐渐地，徐奶奶又找到了年轻时在沟通方面"如鱼得水"的感觉。

故事解读

儿童喜欢玩智能手机并不代表儿童不喜欢说话，祖辈可以掌握与孙辈有效沟通的方法，创设一个儿童想说、敢说、有机会说并能够得到积极应答的环境，和儿童一起享受沟通，在沟通中共同成长。祖孙长期、有效的互动对两代人以及整个家庭都有莫大的意义，代际之间的智慧将在祖孙的有效沟通中一直传递下去。为此，"科学育孙家"针对祖孙沟通问题提出以下建议：

1. 创设家庭微课堂，取长补短传智慧

（1）儿童往往喜欢模仿老师，祖辈可以利用儿童的这一特点，事先准备好小黑板、粉笔等，在家庭布置出一个小课堂，邀请孙辈当小老师，促进祖辈与孙辈的互动。在课堂中及时表扬孙辈，适时提出相应疑问，表达对孙辈的坚定支持。祖辈也可以结合自己的人生阅历，将此与孙辈的兴趣点结合起来，向孙辈娓娓道来。

（2）可以在每个月月初设立一个计划，结合日常观察，发掘儿童的兴趣，和孙辈沟通想要上的课程主题，及时在日常生活中对主题进行修正。比如，祖辈可以让孙辈教自己学习看网络视频的方法，也可以让孙辈讲讲自己在课堂中进行英语演讲的经历等。

（3）以录视频等方式将儿童的表现存入云相册中，向儿童的爸爸妈妈分享孩子的日常表现和学习进展，和儿童的爸爸妈妈商讨奖励机制。

2. 设立契约同监督，榜样示范践承诺

（1）关于儿童玩手机的时间限制，祖辈可以和儿童沟通，了解儿童

的想法，与儿童共同建立"约定"，制定个性化方案。比如什么情况下可以玩，可以玩多长时间，哪些应用可以玩。

（2）祖辈可以和家长沟通，对初步的"约定"进行修改，并协商相关的奖励机制，比如，坚持一个月后可以在下一个月月底实现儿童的一个愿望等。

（3）祖辈和儿童家长都要做好榜样示范，首先保证自己可以做到，同时请祖辈或父辈及儿童进行监督，如果没有达到，要按照事先规定的措施予以惩戒。

3. 描述赞扬多反馈，支持孙辈巧沟通

（1）善于用积极的语言去强调一种积极行为，使孩子积极的行为逐渐增加。当看到儿童房间不太整齐时，祖辈说："你的房间很乱。"这是一种批判主义的表达，是不合适的。当换一种表达时："如果你的房间稍微收拾一下，那么它就会看起来更漂亮了。"这是一种积极表达，给儿童传递的信号是明确"把房间整理一下"是好行为。

（2）当儿童处于弱势或做错事时，祖辈可以给予支持性和建设性的反馈。比如，祖辈说："牛奶都倒不好，每次都洒出来。"这是不合适的表达，因为是非积极的沟通模式。当祖辈说："去厨房拿一块毛巾擦一下洒出来的牛奶。"这样的表达就给儿童传递了建设性的沟通模式。

（3）祖辈与孙辈在沟通时，避免采用抱怨、说教、批评、责备、嘲笑、批判、讽刺等话语，尽管可能是无心的，但很可能会对儿童的身心发展产生不良影响，因此育孙家建议祖辈采取上述两种沟通方式与孙辈交流。

【俞　峰】

微课十三

6. 言传不如身教，示范好过讲解

学习目标

1. 了解榜样示范的重要价值和作用机制。

2. 通过故事解读，掌握树立正确榜样的方法。

3. 转变重"言传"轻"身教"的固有观念，形成正确的榜样意识。

小游戏

游戏名称： 宝宝眼中的我

游戏工具： 镜子若干（根据游戏人数准备，每人一个）

游戏步骤：

1. 请手持一面镜子，并对着自己的面部。

2. 请对着镜子分别做出喜怒哀乐或其他面部表情。

3. 完成上述动作后，思考从镜子里看到了什么，看到不同表情的感觉如何。

4. 请设想宝宝就是一面小小的镜子，并思考他们会看到什么？

导言

许多家长常常苦恼：为什么孩子总不听我的，明明我强调了很多次什么是正确的，孩子却偏偏不这么做？孔子曾说过："其身正，不令而行，其身不正，虽令不从。"壮壮也是这样，他和爷爷曾经有许多瞒着爸爸妈妈的"小默

图15　祖孙三代梳头发

契"，但最近出现的一些状况令爷爷很是头疼，让我们一起从壮壮和爷爷之间的小故事找找原因吧！

故事

一天下午，爷爷去幼儿园接壮壮，回家路上，壮壮吵着要去吃炸鸡，壮壮的爸爸妈妈十分反对壮壮吃这类油炸食物。爷爷犹豫了一下，但还是带壮壮去吃了。点完后，爷爷担心壮壮的爸爸妈妈知道后会不高兴，便对壮壮说："咱们吃炸鸡的事情千万不能告诉爸爸妈妈，你就说咱们去公园玩了。"壮壮高兴地说："我知道啦。我一定不告诉爸爸妈妈。"

过了几天，壮壮从书包里拿出10块钱，悄悄地对爷爷说："这是我在妈妈包里拿的，我要去超市买糖吃，爷爷，你千万不能告诉妈妈。"爷爷生气地说："壮壮！你怎么能随便拿妈妈的钱？小孩子是不能说谎的。"壮壮反驳道："爷爷带我去吃炸鸡，让我不要告诉爸爸妈妈，爷爷也撒谎。"爷爷突然怔住，意识到事情的严重性，自己的行为给壮壮做了一个错误示范。于是，连忙说道："爷爷不应该说谎，是爷爷的错，你不能学爷爷撒谎。我们今天晚上一起向爸爸妈妈承认错误。"

晚饭后，爷爷向壮壮的爸爸妈妈坦白了带壮壮吃炸鸡的事情，在壮壮面前向儿子儿媳道了歉。看着爷爷这样做，壮壮也小声地对爸爸妈妈说："对不起，妈妈，我不应该拿你的钱。"

爸爸妈妈拉着壮壮的小手说："爷爷是一个诚实的爷爷，壮壮也是个诚实的小朋友。爸爸妈妈原谅你了，以后不能说谎。"壮壮听后，高兴得在客厅蹦蹦跳跳。爷爷暗下决心，以后一定要给壮壮做一个好榜样。

 ## 故事解读

本故事中，爷爷因担心儿子儿媳知道壮壮吃炸鸡的事情生气，便告诉壮壮要隐瞒爸爸妈妈，在无形之中教会壮壮撒谎，这其实是一个不可取的做法。后来，壮壮拿了妈妈的钱却希望爷爷包庇他，说明爷爷的错误示范已经对壮壮产生了负面影响。生活中，许多祖辈会认为自己的一个"小动作"不会对孙辈产生影响，但祖辈不知道的是，人在幼年时期具有极强的学习模仿能力，因此榜样在儿童的行为养成中具有重要的作用。班杜拉的观察学习理论指出，观察学习是通过榜样所表现的行为及其结果而进行的学习。许多心理学实验也证明，人从3岁起就开始出现一种认同倾向，即不自觉地模仿身边的大人，将他看到的各种大人的行为复制出来，并逐渐变成自己的行为方式。因此，祖辈和家长应该重视"言传身教"的教育合力，树立正确的榜样作用。

一般情况下，我们把通过言语教导、正式谈话去规范幼儿行为的做法，称为"言传";而把自己在生活中的表现以及做出的行为反应称为"身教"。"言传"和"身教"都在影响着幼儿的认知与行为。

那么,如何发挥言传身教的合力效果呢?首先,祖辈们要意识到言传身教的重要性,树立正面、积极的榜样,引导孩子养成良好的行为习惯。其次,祖辈不能忽视自己做出的错误示范,要及时纠正。最后,作为祖辈,要以身作则,用自己的行动做表率,潜移默化地影响、教育孙辈。对孙辈提出的要求,自己要先做到,言行一致才能给孙辈树立一个良好的榜样。

【罗园园】

微课十四

7、勇敢地尝试,努力地坚持

1. 了解勇敢尝试与努力坚持对儿童成长的意义。

2. 掌握培养儿童探索意识与坚持意识的正确方法。

3. 引导祖辈激发儿童尝试做事的兴趣,帮助祖辈树立正确的育儿观念。

 **小游戏**

游戏名称：迷宫大冒险

游戏工具：有挑战性的迷宫图、各色彩笔

游戏步骤：

1. 分发给祖辈迷宫图与各色彩笔，并告知用不同颜色的彩笔标注出每次尝试走出迷宫的路径。

2. 请祖辈尝试走出迷宫，在祖辈尝试时加以鼓励。

3. 记录祖辈成功走出迷宫的时间。

4. 请祖辈说说共尝试了几次才成功走出迷宫，谈谈走迷宫过程中遇到的困难与感受。

导言

生活中，有的儿童面对困难敢于尝试，坚持不懈，体会成功的乐趣；有的儿童面对困难瞻前顾后，畏缩不前，丧失成功的机会。作为祖辈，该怎样帮助儿童勇于尝试，努力坚持，增强成功体验呢？让我们来看看故事中的温温爷爷是怎样做的吧！

故事

今天是温温学习骑车的第三天，奶奶正带着温温在体育场练习，温温左摇右摆地骑着车，奶奶在一旁保护着温温。

温温对奶奶说："奶奶，我不想学了，我已经练习三天了，还是学不会，我能不能不学了啊？"看着温温疲惫的小脸，奶奶心疼得不得了，回应道："温温加油，我们再练习一遍！很快就能学会了。"温温边哭边对奶奶说："奶奶，奶奶。我真的不想学了，我学不会。"甚至开始躺在地上耍赖。奶奶见状，只好先带温温回家。

回家后，奶奶把今天发生的事情告诉了爷爷并商量该怎么办。爷爷语重心长地说道："明天还是得让温温去练习啊，已经练习三天了，马上就能学会了。不能遇到事情就退缩，长此以往，他会对自己失去信心，认为自己不能完成有困难的事情。我们还是得想办法让温温继续练习。"

睡前，爷爷给温温讲了蜘蛛织网的故事："一只小蜘蛛在认真地织网，刚织了几下，一阵风吹来，把它刚织了一半的网丝刮断了。小蜘蛛立马重新织起来，织到一半，一阵雨点打

图16 勇敢尝试骑单车

来，又把网打破了。小蜘蛛再重新织。它织啊，织啊，眼看快要织成了，一阵冰雹砸下来，又把网砸破了。小蜘蛛又重新织。织啊，织啊，它终于织成了一张大网。小蜘蛛高兴地坐在网中，捉着飞来的小虫。"讲完故事，爷爷便问温温："小蜘蛛一共织了几次网呀？"温温眨了眨小眼睛答道："四次！"爷爷继续问道："它为什么要织四次网呀？"温温说："每次织网都被破坏了！"爷爷说："小蜘蛛有没有放弃啊？""没有！它还是一遍一遍地织网。"这时爷爷说道："小蜘蛛遇到困难没有退缩，每次失败后它都能继续坚持织网。我们应该向小蜘蛛学习，坚持完成每一件事情。学骑车也是一样的道理呀！温温是个努力的好孩子，爷爷相信温温一定能学会骑车！"

第二天一大早，温温主动让爷爷奶奶带着他去体育场练习骑车。一次一次地摔倒，温温都没有放弃。终于，在爷爷奶奶的鼓励与帮助下，温温成功地学会了骑车。温温边骑车边兴奋地喊："我成功啦！我会骑车啦！我会骑车啦！"

爷爷奶奶在温温练习骑车的过程中用手机拍下了许多照片、视频留作纪念。温温看到照片，急忙拿给爸爸妈妈看，爸爸妈妈一边看一边夸奖："温温摔倒了自己爬起来，坚持学会骑车了！"被夸奖的温温一脸自豪。

故事解读

故事中的温温在初次面对困难时，产生畏惧心理，害怕摔倒、害怕疼痛，不敢开始，缺少挑战困难的勇气与战胜困难的信心。若是温温不敢尝试，那么相对的他就会缺失做某事的机会，进而缺少成功体验，久而久之，他会更容易认为自己不行、做不到，遇到事情将会更容易退缩。而此时爷爷的鼓励，正是给予儿童勇于尝试的强心剂。温温得到了更多的锻炼的机会，相应地增加了成功的可能性，积累更多的成功体验，温温会变得更自信。而让温温遇到困难便放弃的方式往往剥夺了温温去继续坚持的过程以及获得成功的经验，随着时间的推移，温温在遇到困难时将会更容易放弃，因为他知道这件事没关系，不一定需要做到，不利于其坚持性的发展。

所以，在教养孙辈的过程中，需要注意以下几点：

1. 给予儿童尝试的机会

放手让儿童自己做事是培养他们自信心的有效方法，代替儿童处理他们的问题，只能让儿童不自信，代替的越多，儿童就越依赖。日常生活中，我们易倾向于把儿童看作弱小的群体，会觉得很多事情他们不需要会做，但事实上实践机会的缺乏，既不利于儿童能力的发展也不利于儿童自信心的发展。因此，无论遇到任何问题，我们应首先尝试让儿童自己解决问题，尤其当儿童主动要求想要做某件事时，一定要谨慎说"你去玩吧，爷爷/

奶奶帮你做"之类的话，这会磨灭儿童对事物的兴趣和积极性。其次，当儿童尝试做一件事情时，我们要耐心等待，如果他们顺利完成，祖辈应该分享其成功的喜悦，并给予适当鼓励；一旦失败也不要嘲笑他们，要帮助儿童分析失败的原因，找到解决的办法，支持儿童再次尝试。

2. 遇到困难时鼓励儿童坚持

研究表明，具有抗干扰能力、任务坚持性以及专注能力等良好学习品质的儿童在学校中更有可能会获得学业成功，因此培养儿童的坚持性显得极为重要。祖辈在教养时可以从"小事"中培养儿童的坚持性。当儿童开始做某件事时，祖辈要鼓励他们克服困难，坚持完成，尤其当儿童表现出沮丧、准备放弃的时候，要鼓励儿童坚持一下，让儿童相信只要坚持就会成功。一定要注意避免剥夺儿童坚持的机会，如当儿童因不会跳绳而难过时，应该教授给儿童跳绳的技巧和方法，而不是告诉儿童："宝宝不会跳绳没关系，以后长大了就会了。"

当然，在日常生活学习中，培养儿童的坚持性也要注意以下策略：

（1）帮助儿童选择适当难度的任务，任务太难或太过简单，都会使儿童很快失去挑战的兴趣，比如让3岁的儿童玩适合6岁儿童的积木搭建，儿童就难免会有畏难情绪，应该选择符合儿童年龄特点的任务。

（2）以身作则，祖辈应具有坚持性。家长应该给儿童树立榜样作用，而不是仅仅要求儿童做到。

（3）坚定执行计划，如果给儿童规定了每天阅读半小时，那就要坚持做到，尽量减少来回变动，如果仅执行了几天便不再继续坚持，那也不利于儿童坚持性的养成。

3. 加强儿童的成功体验

帮助儿童记录并回忆已有的成功经历，可以加强儿童的成功体验，促使儿童实现自我强化，增强做事的自信心。儿童的成长是瞬息万变的，祖辈可以帮助儿童进行记录，这不仅能让儿童感受到自己的成长与变化，更重要的是，当儿童想要努力学习一项新技能时（如系鞋带），他们或许可以回想之前取得的那些成功，记得他们过去是如何克服这些困难的，进而获得信心，并预见到未来的成功。

【张慧敏】

图书在版编目(CIP)数据

宝贝和我的幸福时光:祖辈科学育孙指导/何慧华主编. —上海:复旦大学出版社,2021.8
ISBN 978-7-309-15682-9

Ⅰ.①宝… Ⅱ.①何… Ⅲ.①儿童教育-家庭教育 Ⅳ.①G781

中国版本图书馆 CIP 数据核字(2021)第 089204 号

宝贝和我的幸福时光:祖辈科学育孙指导
何慧华　主编
插　图　张书玄
责任编辑/谢少卿

复旦大学出版社有限公司出版发行
上海市国权路 579 号　邮编:200433
网址:fupnet@fudanpress.com　http://www.fudanpress.com
门市零售:86-21-65102580　团体订购:86-21-65104505
出版部电话:86-21-65642845
上海丽佳制版印刷有限公司

开本 890×1240　1/20　印张 6　字数 67 千
2021 年 8 月第 1 版第 1 次印刷

ISBN 978-7-309-15682-9/G·2247
定价:38.00 元

如有印装质量问题,请向复旦大学出版社有限公司出版部调换。
版权所有　　侵权必究